REGINE KÖLPIN
Mörderisches Usedom

MÖRDERISCHES USEDOM Sommeridylle auf Usedom? Weit gefehlt. Während auf der sonnigen Insel die Ostseewellen träge an den Strand rollen, brodelt es unter der friedlichen Oberfläche: Die verletzte Eitelkeit eines Dichters hat fatale Folgen, ein Psychopath geht um, ein Beziehungsmord findet statt – im Städtchen Wolgast, dem Tor zu Usedom, beginnt eine kriminelle Reise von Ost nach West in elf Kurzkrimis mit 125 Freizeittipps. Die blutige Spur zieht sich von Peenemünde über Karlshagen und die Bernsteinbäder bis hin zu den mondänen Kaiserbädern Heringsdorf und Ahlbeck und endet in der Wiege Usedoms, der Stadt Usedom. Lernen Sie die Urlaubsinsel mal von einer ganz anderen Seite kennen und entdecken Sie dabei Ausflugsorte, Gaststätten und weitere tolle Ziele in der Region!

Regine Kölpin hat zahlreiche Romane und Kurztexte publiziert, gibt Anthologien heraus und leitet Schreibseminare für alle Altersklassen. Die Autorin wurde mehrfach ausgezeichnet. Ihre Lesungen gestaltet sie unter anderem mit musikalischem Beiprogramm des Gitarrenduos »Rostfrei«, als dessen Backgroundsängerin sie zu hören ist. Sie wurde 1964 in Oberhausen in Nordrhein-Westfahlen geboren und ist verheiratet mit dem Musiker Frank Kölpin. Sie haben fünf Kinder und zwei Enkel und leben ihr Großfamiliendasein in einem historischen Dorf an der Nordseeküste Frieslands. Mit der wunderschönen Insel Usedom verbindet die Autorin eine große Liebe, nicht nur, weil sie verwandtschaftliche Beziehungen in der Region hat. Mehr unter: www.regine-koelpin.de

Bisherige Veröffentlichungen im Gmeiner-Verlag
Kaspar Hauser – Das verlorene Kind (2016)
Wer mordet schon an der Mecklenburger Bucht (2016)
Wer mordet schon am Wattenmeer (2014)

REGINE KÖLPIN
Mörderisches Usedom
11 Krimis und 125 Freizeittipps

Besuchen Sie uns im Internet:
www.gmeiner-verlag.de

© 2017 – Gmeiner-Verlag GmbH
Im Ehnried 5, 88605 Meßkirch
Telefon 07575 / 2095-0
info@gmeiner-verlag.de
Alle Rechte vorbehalten
1. Auflage 2017

Lektorat: Claudia Senghaas, Kirchardt
Herstellung: Mirjam Hecht
Karte auf Seite 6: Ann-Christin Dinser
Umschlaggestaltung: U.O.R.G. Lutz Eberle, Stuttgart
unter Verwendung eines Fotos von: © giftgruen / photocase.de
Druck: CPI books GmbH, Leck
Printed in Germany
ISBN 978-3-8392-2062-7

Personen und Handlung sind frei erfunden.
Ähnlichkeiten mit lebenden oder toten Personen
sind rein zufällig und nicht beabsichtigt.

Usedom

- Peenemünde
- Karlshagen
- Zinnowitz
- Wolgast
- Koserow
- Halbinsel Gnitz
- Loddin
- Überitz
- Bansin
- Heringsdorf
- Ahlbeck
- Mellenthin
- Stolpe auf Usedom
- Usedom
- Garz

Ostsee

VORWORT

Als ich gefragt wurde, ob ich nach meinen kriminellen Freizeitführern über Ostfriesland *Wer mordet schon am Wattenmeer?* und über Mecklenburg Vorpommern *Wer mordet schon an der Mecklenburger Bucht?* auch ein solches Buch über Usedom verfassen möchte, war ich sehr erfreut, denn es gibt nur wenige Inseln, die mich in ihrer Vielfalt so sehr begeistern konnten. Also auf nach Usedom!

Auf der Insel findet man alles, was zu einem ausgewogenen und vielseitigen Küstenurlaub gehört. Auf der einen Seite wunderschöne weitläufige und einsame Strände, auf der anderen Seite verwunschene Ecken wie die Halbinsel Gnitz. In krassem Gegensatz dazu stehen wiederum die einzigartigen Seebäder, die mit ihrer mondänen Architektur und Lebendigkeit unübertroffen sind.

Ich hatte die Qual der Wahl, elf Orte und Städte zusammenzufassen und mit 125 Freizeittipps zu bespielen. Die Freizeittipps sind im Text mit Nummern versehen und nach den Geschichten nachzulesen.

Auch wenn ich Usedom bereits kennen- und liebengelernt hatte: Ich musste noch einmal dorthin und eine umfassende Vor-Ort-Recherche betreiben. Nach einer Hotelreise im Winter packten wir nun unser Wohnmobil und machten uns auf die mörderische Reise. Etwas Vorabplanung war nötig, von den unterschiedlichen Standorten aus waren Sternfahrten mit dem Rad geplant, denn dabei bekommt man am meisten zu sehen und kann die Umgebung mit allen Sinnen in sich aufsaugen.

Wenn man über Usedom schreibt, kommt man an der DDR-Vergangenheit nicht immer vorbei. Danke an meinen Schwiegersohn Ingo Mindemann und an Sigrid Mindemann aus Bad Doberan, dass ich euch mit vielen Fragen löchern durfte, damit die Begriffe und Umstände stimmen.

Gleich zu Beginn der Reise hatte ich das Vergnügen, Elke und Wolfgang Mante im »Runge Haus« kennenzulernen, die mir Wolgast auf eine unglaublich interessante und liebevolle Art und Weise nähergebracht haben. Sie betreuen für den Förderverein die Museen »Rungehaus« und das »Stadtgeschichtliche Museum Kaffeemühle«, außerdem die Dampffähre »Stralsund«. Alle Einrichtungen sind überaus sehenswert. Einen ganz lieben Dank an die beiden. Von dort fuhren wir direkt auf die Insel. Nun musste nur noch das Wetter mitspielen, und los ging es mit *Wer mordet schon auf Usedom?*

11 REISEZIELE UND 125 FREIZEITTIPPS

1. Wolgast
2. Peenemünde
3. Karlshagen/Trassenheide
4. Zinnowitz
5. Halbinsel Gnitz
6. Koserow
7. Loddin/Kölpinsee
8. Bansin
9. Heringsdorf
10. Ahlbeck
11. Usedom

1. WOLGAST

Wenn man Usedom bereisen will, kommt man an Wolgast, dem »Tor nach Usedom«, nicht vorbei. Aber auch sonst lohnt es, dem historischen Wolgast einen ausgiebigen Besuch abzustatten und durch die kleinen Gässchen zu flanieren, die St.-Petri-Kirche zu besichtigen, das alte Rathaus mit seinen Legenden zu entdecken oder staunend an der beeindruckenden Peenebrücke zu stehen und nach Usedom zu schauen.

Wolgast liegt direkt am Peenestrom und wurde 1257 gegründet. Der ursprüngliche Grundriss ist fast unverändert erhalten geblieben, sodass man sich mit etwas Fantasie durchaus vorstellen kann, in eine andere Zeit zurückversetzt zu sein. Die Herkunft des Stadtnamens ist ungeklärt. Vermutungen gehen in erster Linie dahin, dass er aus dem Slawischen stammt: »Gastlicher Ort«.

Nach Ende des Dreißigjährigen Krieges gehörte Wolgast zum schwedischen Regierungsbereich. 1731 wurde ein beträchtlicher Teil der Stadt vom russischen Zaren im Großen Nordischen Krieg niedergebrannt. Die meisten Gebäude, wie auch das Rathaus, wurden anschließend im barocken Stil neu errichtet, der Grundriss Wolgasts aber blieb in der ursprünglichen Form erhalten. Im 18. Jahrhundert baute man Speicherhäuser, der Getreidespeicher am Stadthafen ist ein Beispiel für diese Architektur.

Wolgast ist in den beiden Weltkriegen weitgehend verschont geblieben, zerstört wurden aber die Peene- und die Amazonenbrücke. Von wirtschaftlich großer Bedeutung war die Peene-Werft zu DDR-Zeiten.

Wolgast ist auf jeden Fall mehr als einen Zwischenstopp wert und hat mich mit seiner Gemütlichkeit in den Bann gezogen.

Alle Infos unter:
Touristinformation Wolgast
Rathausplatz 10
17438 Wolgast
Tel: 03836/6600118
www.wolgast.m-vp.de

TOD IM STROM

Kim wartete im Stadtgeschichtlichen Museum **1** im »Roten Raum«. Sie sah auf die Uhr. Eigentlich wollte Mike längst da sein. Sie hatte es zwar von vorneherein als eigenartig empfunden, sich in einem Museum zu treffen, noch dazu, wo sie kein großer Fan solcher Einrichtungen war, und Mike das ganz genau wusste. Aber es war ihr erster gemeinsamer Urlaub, da wollte sie die Stimmung nicht schon zu Beginn verderben. Seit drei Monaten war sie nun mit Mike zusammen, und diese Reise war für Kim ungeheuer wichtig. Sie hatte gehofft, dass Mike das genauso sah. Der Vorschlag, nach Usedom zu reisen, war von ihr gekommen, aber seitdem das Ziel klar war, hatte Mike sich verändert. Je näher die Abreise rückte, desto unruhiger wurde er. Und als er dann noch vorgeschlagen hatte, Kim solle doch mit dem Zug vorausfahren, war sie ziemlich irritiert gewesen. Jedes andere Liebespaar reiste gemeinsam in den Urlaub, und tat es das nicht, gab es dafür einen triftigen Grund. Auf ihre Nachfrage hin hatte Mike aber nur argumentiert, er hätte noch beruflich zu tun. Kim war das leichte Zittern in seiner Stimme nicht entgangen, und sie hielt es für eine Ausrede. Immerhin hatte er ihr Gepäck mitgenommen, sodass sie sich zumindest damit nicht herumquälen musste. Nun, sie würde bald Gewissheit haben, ob alles in Ordnung war.

Erneut warf Kim einen Blick auf die Uhr. Mike hatte sich bereits um 15 Minuten verspätet. »Dann schau ich mich halt doch mal ein bisschen um«, seufzte sie und schlenderte durch die Ausstellung. Sie betrachtete die Exponate des »Roten Raums«, die den Betrachter in eine fremde Zeit zurückversetzten. Speckkloßverpackungen reihten sich neben Pyramidenkerzen in einer roten Regalwand, vor der ein altertümlich anmutender Puppenwagen stand. So weit war das, obwohl es die DDR-Vergangenheit aufzeigen sollte, gar nicht von den Fotos aus der Kindheit ihrer Mutter in den 60er-Jahren entfernt. Auch das Röhrenradio und der Fernseher ähnelten dem, was sie einst in der guten Stube stehen gehabt hatte. Im »Braunen Raum«, mit dem Rückblick und Exponaten aus einer Vergangenheit, auf die man wirklich nicht stolz sein konnte, überkam Kim Gänsehaut, und so stapfte sie weiter ins Dachgeschoss, wo ein altes Klassenzimmer und verschiedene Fachräume, wie ein Experimentierzimmer, aufgebaut waren. Sie fand sogar einen großen Rechenschieber. Am schönsten aber war der Blick, der sich durch die Dachfenster über Wolgast bot.

Trotzdem war es nicht das, was Kim sich unter ihrem Liebesurlaub vorgestellt hatte. Sie nahm das Handy erneut zur Hand und rief Mikes WhatsApp Status auf. Doch er war seit einer Stunde offline. Wo zum Teufel steckte ihr Freund?

Kim überlegte hin und her. Schließlich konnte sie sich nicht mehr zurückhalten und schrieb ihn an:

Wo bist du? Das Museum Kaffeemühle hab ich durch. Soll ich jetzt weiter auf Museumstour gehen und mich auch noch im Rungehaus [2] *weiterbilden? Du weißt, wie sehr ich mich auf den STRANDURLAUB gefreut habe. Was soll der Mist? Ich will keine weitere Museumssafari. Weiß Gott nicht!*

Der Hinweis auf das Rungehaus sollte ein Scherz sein, denn Kim hatte absolut keine Lust, sich mit dem Leben eines Malers auseinanderzusetzen, selbst wenn er noch so brillant und illuster war. Kim wollte nach Usedom zum Baden. An den Strand. Mit Mikes 5er-BMW.

Vermutlich denkt er nun, ich bin eine Zicke, dachte Kim. Bislang hatte sie vermieden, sich so zu verhalten, nur das, was Mike jetzt gerade abzog, empfand sie als zu viel des Guten.

Dieses Mal antwortete er endlich.

Bei mir dauert es noch, bin aber bald da. Das Rungehaus ist doch eine super Idee, bevor du dich langweilst.

Idiot, dachte Kim. Bin gespannt, ob wir heute noch in Heringsdorf ankommen. Bevor sie das Museum verließ, machte sie einen Schlenker zur aktuellen Ausstellung im Erdgeschoss. Nicht, weil sie sich sonderlich dafür interessierte, eher, um Mike ein bisschen warten zu lassen, falls er sich tatsächlich auf den Weg gemacht hatte. Er kam allerdings auch in den nächsten zehn Minuten nicht. »Dann lass es sein, du Spinner!«, grummelte Kim und zog die Kapuze über den Kopf, denn mittlerweile regnete es. Sie trat vor die Tür, durchquerte die Burgstraße **3** und kam an der alten Stadtmauer **4** vorbei. Die Reste wirkten durchaus interessant und vermittelten einen unverfälschten Eindruck von dem, was Wolgast einmal gewesen war. »Trotzdem bin ich nicht zum Sightseeing hierher gekommen! Und nun macht mir der blöde Regen auch noch den Badeurlaub zunichte.« Nein, es lief gar nicht gut an. Überhaupt nicht. Sie hatte so etwas befürchtet, aber bis zum Schluss gehofft, sie irrte sich.

Kim beschleunigte ihren Schritt, denn der Regen wurde heftiger, und sie wollte nicht völlig durchnässt in Mikes

Auto sitzen, falls er sich endlich bequemte, doch noch anzureisen. Irgendwie glaubte sie nicht mehr so recht daran. Mike belog sie offensichtlich nach Strich und Faden. Vor dem Rungehaus klingelte das Telefon erneut, und Mike schickte Kim eine weitere WhatsApp.

Bin gleich am Museumshafen **5**.

»Mir reicht es langsam«, zischte Kim. »Hab ich eine Schnitzeljagd mit ihm gebucht, oder was denkt er sich?« Sehnsüchtig wanderte ihr Blick in Richtung der Peenebrücke **6** und streifte dabei auch die Peene-Werft **7**. Dahinter lag Usedom mit seinen wunderbaren Stränden. Am liebsten wäre sie jetzt allein auf die Insel gefahren. Mike konnte bleiben, wo der Pfeffer wuchs. »Und wo wächst der?«, grummelte sie. »Egal, Hauptsache weit weg.« Kim hämmerte eine weitere Nachricht ins Handy:

Ich habe absolut keine Lust mehr auf diese Spielchen und setze mich nun ins Restaurant am Hafen, diesen Speicher **8** *, bestelle mir was Feines zum Essen. Wenn du deinen Hintern nicht binnen einer Stunde hierher bewegst, fahre ich allein ins Hotel. Und das war es dann mit uns. Alles klar?*

Kim drückte auf »senden«, steckte das Telefon ein, zog es aber sofort wieder aus der Tasche.

Und ich hasse es, von einem Ort zum nächsten gelotst zu werden. Alles klar?

Sie drückte rasch auf »senden« und bemerkte erst dann, dass sie gleich zweimal hintereinander »Alles klar« geschrieben hatte. Das war nicht nur Zickenalarm pur, das war auch ein kleines bisschen peinlich. Aber eben nur ein kleines bisschen. Zumindest ging es ihr anschließend erheblich besser. Wichtig war nur, jetzt Tacheles geredet zu haben. Bevor sie weiter durchnässt wurde, sollte sie sich einen Schirm zulegen. Vermutlich gab es am Rathausplatz einen Laden, wo das möglich war. Wer wusste schon, ob das Wetter auf Usedom mitspielen würde. Schaden konnte es jedenfalls nicht, einen parat zu haben. Mike würde sie aber nicht mit darunter lassen. Jetzt nicht mehr! Ein leises gehässiges Lächeln huschte über Kims Gesicht, während sie in die Innenstadt eilte. »Hätte mir auch früher einfallen können, dann wäre mir bei dem Sauwetter der Weg erspart geblieben.« Die St.-Petri-Kirche [9] dominierte die Stadt, und wegen des schlechten Wetters strömten etliche Menschen in Richtung des alten Gemäuers. Kim schnappte Wortfetzen auf, wie: »Du musst mal in die Herzogsgruft [10] gehen, das ist interessant.«

Was sollte sie in der Gruft?

»Ach nein, ich finde die Gertrudenkapelle [11] besser, aber die hat heute geschlossen«, riss sie eine andere Stimme aus den Gedanken.

Kim spazierte zum Rathausplatz. Am Alten Rathaus [12] sah sie sich um. Der farbenprächtige Brunnen [13] plätscherte vor sich hin. Ein Geschäft, wo sie einen Schirm kaufen könnte, entdeckte sie zunächst nicht, aber dann fiel ihr Blick auf einen Angelladen, wo sie tatsächlich fündig wurde. Zumindest das Problem war gelöst.

Mit aufgespanntem Schirm spazierte Kim in Richtung Schlossinsel [14] zum Museumshafen und suchte sich im Speicher ein Plätzchen am Fenster, von wo aus sie die Hafenstraße gut beobachten konnte. Sollte Mike erscheinen, würde sie ihn von Weitem sehen. Sie bestellte einen Kaffee und wartete darauf, dass Mike erneut antwortete. Doch es tat sich nichts. Nach etwa einer halben Stunde schrieb Kim ihm eine weitere Nachricht.

Nun sei bloß nicht eingeschnappt. Manno, ich warte hier auf dich. Natürlich hau ich nicht einfach so ab!

Im zweiten Anlauf schoss sie noch einen küssenden Smiley hinterher.

Weil Mike weiterhin nichts von sich hören ließ, schrieb sie Karsten, ihrem besten Freund.

Der Blödmann lässt mich hier echt sitzen. Hallo?

Karsten antwortete sofort.

Okay. Halt durch! Der kann was erleben!

Über Kims Gesicht huschte ein Grinsen. Auf Karsten war einfach immer Verlass. Er war ein feiner Kerl und von Kindesbeinen an für sie da. Immer!

In der folgenden halben Stunde tat sich nichts. Mike war nicht einmal ON gewesen. Kim zahlte, denn nun wurde sie doch unruhig. Schließlich hatte er geschrieben, er sei auf dem Weg. Sie wollte nicht recht haben. Sie wollte, dass sie sich geirrt hatte und alles gut wurde mit ihnen. Sie liebte ihn, und es gab nichts, was sie sich sehnlicher wünschte, als dass er ehrlich zu ihr war. Was sollte nun also dieses dämliche Schweigen? Darauf konnte sie getrost verzichten.

Hast ja selbst Schuld! Das liegt nur an deiner blöden und beleidigenden WhatsApp, dachte Kim. Er ist doch sauer und meldet sich deshalb nicht. Alles würde sich aufklären. So, wie sich immer alles aufklärte.

Sie fröstelte, als sie am Museumshafen stand und ihre Augen rechts zum großen Hafen 15 schweifen ließ. Vielleicht würde Mike, wie immer breit und gewinnend grinsend, gleich von dort unbeschwert entlangkommen. Aber ein prüfender Blick sagte Kim, dass nichts dergleichen geschah. In welche Richtung sollte sie sich nun halten? Kim entschloss sich, besser in die Altstadt zu gehen. Sie ließ die legendäre Dampffähre Stralsund 16 links liegen und steuerte geradewegs auf die Amazonenbrücke 17 zu. Eigentlich lief sie planlos umher, denn warum sollte Mike ausgerechnet in der Wolgaster Innenstadt herumlaufen? Kims Herz begann zu rasen. Verdammt, was passierte hier gerade? War ihre Entscheidung, nach Usedom zu fahren und ihn, nachdem er so eigenartig reagiert hatte, mit diesem Urlaub auf die Probe zu stellen, richtig gewesen? In ihr stieg die Ahnung auf, einen riesengroßen Fehler begangen zu haben.

Der Regen hatte sich noch mehr verstärkt, dazu blies der Wind und trieb Regenschwaden vor sich her. Kim spannte den Schirm auf, musste ihn aber wieder zusammenklappen, weil der Wind ihn sofort nach oben drückte. Der Kai war wie leer gefegt, nun hatte es sämtliche Touristen endgültig in die Museen und die Kirche vertrieben. Wenn Kim nicht weiter frieren wollte, war es am besten, sie würde dasselbe tun. Sie ahnte, dass Mike nicht mehr kommen würde. Sie wusste nicht, ob die Wut oder die Angst über sein Verschwinden überwog.

»Ohnmacht«, flüsterte sie. »Es ist ein Gefühl der Ohnmacht.« Sie wischte sich die Regentropfen aus dem Gesicht. »Mike ist ein Idiot.«

Sie hatte die Holzbrücke fast erreicht und war fest entschlossen, den nächsten Zug zurück nach Hause zu nehmen, denn was sollte sie allein in Heringsdorf, wo sie sich ganz bestimmt die Augen ausheulen würde, weil ihr Traum, romantisch zu zweit am Strand zu sitzen, nicht in Erfüllung ging? Mit gesenktem Kopf eilte sie auf die Amazonenbrücke zu, als sie stutzte. Erst glaubte Kim an eine Täuschung, doch auch beim zweiten Blick veränderte sich die Situation nicht. Im Peenestrom trieb ein Toter, und es gehörte nicht viel Fantasie dazu, um zu erkennen, dass es sich um einen jungen Mann handelte. Kim weigerte sich eine ganze Weile, sich einzugestehen, dass es nicht irgendein Mann war, sondern Mike. Sein Haar, seine Gestalt. Es bestand kein Zweifel. Er trieb mit dem Gesicht nach unten auf der Wasseroberfläche, sein kariertes Hemd blähte sich mit jeder Schaukelbewegung auf und ließ ihn kräftiger erscheinen, als er in Wirklichkeit war.

»Es gibt ihn in Wirklichkeit nicht mehr«, flüsterte Kim. »Er ist tot. Weg.« Sie fummelte nach ihrem Handy, das sie wie immer in die vordere Hosentasche gesteckt hatte. Zitternd rief sie die letzte Nachricht von ihm auf. Seitdem er sie zum Museumshafen bestellt hatte, war er tatsächlich nicht mehr ON gewesen, es war eindeutig das letzte Lebenszeichen von Mike. Der Weg zu ihr war sein Todesgang gewesen.

Die Gedanken purzelten durch Kims Kopf, aber sie konnten nicht verhindern, dass sie immer stärker zitterte. Dass ihr Kopf plötzlich schmerzte und ihre Knie weich wurden. Kim lehnte sich an den Pfeiler der Brücke. Das Handy hielt sie noch immer unentschlossen in der Hand.

»Du musst die Polizei anrufen, Kim«, befahl sie sich selbst. »Du musst …« Viel weiter kam sie nicht, denn ihr fiel das Telefon aus der Hand, und sie sackte endgültig in sich zusammen.

Irgendwann kam ein Mann, der die Polizei anrief. Kim wurde mit Decken umhüllt und in einen Rettungswagen geschoben. Der Duft von warmem Kräutertee erreichte ihre Nase. »Kannten Sie den Toten?«

Kim schaute in das besorgte Gesicht einer Polizistin, die sich ihr mit Maja Berg vorstellte.

Der Tote, schoss es Kim durch den Kopf. Ja, der Tote. Das war Mike. Diese Frau sprach von Mike. Von ihrem Mike. Kim konnte das nicht denken, nicht, dass er tot war. Dennoch nickte sie langsam, als sie einen Seitenblick zum Wasser warf. »Ja, das ist mein Freund. Ich wollte mit ihm nach Usedom. Urlaub machen.« Sie wunderte sich über die zusammenhängenden Sätze, über die Klarheit ihrer Stimme. Oder war es gar nicht sie, die gesprochen hatte?

»Was wollte er hier? Warum waren Sie nicht zusammen unterwegs?«

Ja, warum waren sie nicht gemeinsam gefahren? Das wollte Kim auch gerne wissen, hatte aber keine Antwort darauf. Sie nippte am Teebecher. Die warme Flüssigkeit tat ihr gut. Was sollte sie der Polizistin erzählen? In erster Linie wollte Kim keinen Fehler machen. Also besser, erst die Gedanken sortieren, sich erinnern. In der Realität ankommen. Das würde das Beste sein. Zunächst druckste sie nur herum, danach glitten ihr die Worte leichter über die Lippen. »Ich habe keine Ahnung. Es war ganz eigenartig. Erst wollte er nicht, dass wir in einem Auto herfahren, dann hat er mich von einem Museum und einem Standpunkt zum nächsten gescheucht. Und am Ende ist er einfach nicht aufgetaucht.«

Maja Bergs Gesicht versteinerte. Sie glaubte Kim offenbar nicht. »Wer von Ihnen hatte die Idee, nach Usedom zu reisen?«

»Na ich«, sagte Kim. »Usedom ist doch eine tolle Insel, ich habe schon so viel darüber gelesen, und deshalb lag es nah, hier den Urlaub zu verbringen, zumal es von Berlin aus ja beinahe ein Katzensprung ist. Frieden, eine schöne Landschaft …« Jetzt brach sie schluchzend zusammen. »Ich konnte schließlich nicht ahnen …« Kim spürte die

Hand der Polizistin auf ihrem Arm. »Wussten Sie, dass Ihr Freund öfter auf Usedom zu tun hatte? Außerhalb der Urlaubspläne, meine ich.«

Kim zog fragend die Brauen hoch und schüttelte dann unmerklich den Kopf. Mike hatte behauptet, er kenne die Insel nicht. Aber Mike war ein Lügner gewesen. Ein gottverdammter Lügner.

»Er ist uns bekannt. Als Auto-Mike.« Maja Berg räusperte sich. »Wir haben ihn schon länger im Visier. Er ist uns kein Unbekannter, nur konnten wir ihm final nie etwas nachweisen.«

»Auto-Mike?«, wiederholte Kim. »Was soll das denn heißen?«

»Er verschob Autos von der Insel in den Osten. Er war kein großes Licht, aber er koordinierte das Geschehen.«

Kims Herz raste. Sie wollte nach Hause. Nur noch nach Hause. *Auto-Mike*, das klang nicht gut. Das klang tatsächlich nach dem, was sie kürzlich über einen Autodealerring auf der Insel gelesen hatte. Sie hatte Mike darauf angesprochen: »Stell dir vor, die knacken Wagen am helllichten Tag, wenn die Leute sich am Strand in der Sonne aalen.«

Mike hatte nur abgewinkt und war nicht sonderlich interessiert gewesen. »Wo ist der Unterschied, ob man ein Auto in der Nacht oder am Tag knackt?«

»Ich meine auch nicht die Tageszeit. Ich finde es grausam, das den Menschen im Urlaub anzutun. Sie freuen sich das ganze Jahr über auf die Ferien, und die sind ihnen dann vermiest. Das ist unfair. Ich glaube, ich hätte ein echtes Trauma.«

Mike hatte lediglich mit den Schultern gezuckt. »Der

Markt in den Osten ist von der Insel aus gut. Jeder macht halt seine Geschäfte und muss von irgendwas leben. Es trifft ja keine Armen, einen dicken Mercedes oder Audi zu knacken, das musst du bedenken.« Beim letzten Satz hatte er gegrinst, und Kim das Kissen nach ihm geworfen. »Mach dir über so etwas doch keinen Kopf. Die sind außerdem alle versichert.«

Das alles war offenbar kein Scherz, sondern die bittere Wahrheit gewesen. Und dann war es gekommen, wie es hatte kommen müssen, auch wenn Kim die ganze Zeit versucht hatte, es zu verdrängen.

Maja Berg legte tröstend den Arm um Kim, aber die rückte ein Stück ab. Die Polizistin verstand gar nichts. Überhaupt nichts. Sie bemerkte Kims Abwehr nicht, zumindest sprach sie einfach so weiter:

»Es ging um eine recht große Sache, die sie in Heringsdorf durchgezogen haben. Drei BMWs und ein Passat Kombi. Heute war in Wolgast die Übergabe geplant. Wir hatten den Deal im Visier, wollten zuschlagen. Aber …« Maja Berg zuckte bedauernd mit den Schultern.

Kim sah aus dem Augenwinkel, wie man Mike aus dem Wasser fischte und an Land zog. Der Bestatter steckte ihn in einen weißen Sack und verfrachtete den Leichnam in einem Blechsarg.

»Ich würde Sie nun gern mit auf die Polizeiwache nehmen«, sagte Maja Berg. »Das Wetter ist so ungemütlich, und die Befragung dort ist erheblich angenehmer. Wir hätten auch bestimmt trockene Klamotten für Sie.«

Kim war es egal. Ihr war grad alles egal. Sie hatte sich mit einem Kriminellen eingelassen. All die schlimmsten Befürchtungen hatten sich bestätigt. Alle.

Auf der Wache gab man Kim ein Shirt und eine Hose zum Wechseln. Zusätzlich durfte sie sich mit einer Decke umhüllen, denn so richtig wurde ihr nicht warm. Daran änderte auch der heiße Tee nichts.

»Sie sprachen vorhin davon, dass Ihr Freund sie von einem Ort zum nächsten zitiert hat«, begann Maja Berg, als Kims heftiges Zittern ein wenig nachließ.

»Ja, das war schon eigenartig.«

»Wohin hat er Sie als Erstes bestellt?«

»Ins Stadtgeschichtliche Museum Kaffeemühle.«

Die Polizistin notierte sich ihre Aussage und kaute am Ende des Stiftes herum. »Und anschließend zum Rungehaus?«

Kim nickte. »Als letztes Ziel hat er den Museumshafen angegeben, danach ist der Kontakt abgebrochen.« Ihre Stimme brach. »Und ich habe ihn noch so angezickt. Wollen Sie es sehen?« Kim hielt der Beamtin das Handy mit ihren WhatsApps unter die Nase, die Maja Berg interessiert studierte. »Sie hatten ja wirklich keine Ahnung, was er vorhatte, oder?« Maja Berg wartete Kims Antwort nicht ab, sondern nickte ihrem Kollegen zu, der eben dazugekommen war. »Es ist, wie wir vermutet haben.«

»Was haben Sie vermutet?«, schnellte Kim vor. »Was?«

»Er hat tatsächlich versucht, Sie zu schützen.«

Kim verstand nicht recht. »Wovor?«

»Nun, bei solchen Diebstählen geht es um viel Geld, und ihm war es wichtig, dass Sie nicht in die Schusslinie gerieten. So wie es scheint, wollte er aussteigen.« Er sah Kim mit ruhigem Blick an. »Wir haben da so unsere Informanten.«

»Deshalb hat er mich mit dem Zug kommen lassen? Weil er fürchtete, dass seine – ich nenne sie mal Kollegen – nicht besonders freundlich reagieren würden und ich deshalb in Gefahr geraten könnte?«

Die Polizistin nickte. »Ja, so ist es. Er hat Sie absichtlich von einem Museum ins nächste geschickt, weil er Sie so vom Schauplatz weghatte.« Maja Berg machte eine Pause. »Vier Fahrzeuge waren von Heringsdorf aus auf dem Weg hierher. Diese Wagen sollten ausnahmsweise mal nicht in den Osten gebracht werden. Bei der Übergabe wollten wir die Bande mit seiner Hilfe schnappen. Aber er ist nicht aufgekreuzt, und wir wissen momentan auch nicht, wo sich die Autos befinden.«

Kim schüttelte fassungslos den Kopf. »Dann ist im Vorfeld also was schief gelaufen, und vermutlich ist er einem Bandenmitglied begegnet, das Wind von seinem Plan bekommen hatte«, resümierte sie. »Das war sein Todesurteil.« Kim senkte den Kopf. Es war Zeit zu verschwinden. »Ich kann doch gehen, oder?«

Die Polizistin nickte ihrem Kollegen zu. »Was ist ihr Plan?«

»Mal schauen«, entgegnete Kim. »Erstmal zur Ruhe kommen und begreifen, was passiert ist. Das wird dauern.« Ihr zitterten die Hände. Verdammt, es fühlte sich nicht gut an. Sie hatte sich das alles einfacher vorgestellt.

»Dann auf Wiedersehen! Halten Sie sich trotzdem bitte zur Verfügung, falls wir weitere Fragen haben, obwohl es bislang ja eindeutig scheint. Warum er nun sterben musste und die Bande uns zuvor gekommen ist, wissen wir noch nicht. Vielleicht hat unser V-Mann eine falsche Info bekommen.«

Vor der Polizeiwache atmete Kim tief durch. So langsam wurde sie ruhiger. Aussteigen wollte ihr werter Freund also. Wer sollte denn das glauben? Er war ein

Schuft! Der noble Ausstieg wäre nicht lange von Erfolg gekrönt gewesen. Einmal Verbrecher, immer Verbrecher. Das kannte man schließlich. Mike würde von nun an niemandem mehr den Urlaub zerstören. Den Menschen nicht, die er beklaut hatte, und ihr auch nicht. Sie zückte ihr Handy und tippte eine WhatsApp ein.

Hallo Karsten. Sie haben die Kiste geschluckt. Hast du gut gemacht, wenngleich du etwas übertrieben hast. Und Glück hast du gehabt, dass sie dich nicht erwischt haben. Verdammtes Glück! Ich mag übrigens keine Wasserleichen, auch nicht von Schwerstkriminellen. Fürs nächste Mal, okay?

Kim steckte das Handy weg und spazierte in Richtung Peenebrücke. Ein bisschen frische Luft würde ihr gut tun. Vorhin hatte sie gedacht, es sei ein Problem, eine Auftragsmörderin zu sein. Vor allem, als Mike leblos im Wasser trieb. Sie hatte noch zu fest in ihrer besorgten Rolle gesteckt, schließlich sollten sich alle nur an die nervöse und aufgelöste Frau erinnern. Das war bühnenreif gewesen. Aber dann war es doch schwer, wieder zurückzufinden. Das hatte sie aber nun im Griff.

Mike hätte sein Handy eben nicht so vertrauensvoll herumliegen lassen sollen. Nicht, wenn er solche Sprüche über Autodiebstähle machte, die auf Usedom in der letzten Zeit arg zugenommen hatten, und Kim eins und eins zusammenzählte. Ihr Handy piepte. Karsten war dran.

Ging leider nicht anders. War die einfachste Lösung. Wo gehobelt wird, fallen Späne. Alles gut, hab ich gern gemacht, jederzeit wieder. Die Welt muss sauber bleiben, da bin ich ganz bei dir.

Kim schickte Karsten ein Smiley. Wenigstens einer, der sie verstand. Vielleicht sollte sie sein Angebot annehmen

und mit ihm nach Malle fliegen. Ihr schien, sie passten wunderbar zusammen. Kim setzte noch eine WhatsApp nach:
Wann geht dein Flieger?

FREIZEITTIPPS

1 **Stadtgeschichtliches Museum Kaffeemühle**
Das Stadtgeschichtliche Museum Kaffeemühle beherbergt über fünf Etagen, auf eindrucksvolle Art und Weise präsentiert, die gesamte Wolgaster Stadtgeschichte aus 1000 Jahren.
Einzigartig sind die Räume der verschiedenen Epochen, die in unterschiedlichen Farben dargestellt werden. Es gibt den »Grauen Raum«, der die Industrialisierung widerspiegelt, den »Roten Raum« mit einem Rückblick auf die sozialistische Zeit und so weiter. Im Dachgeschoss sind alte Schulzimmer untergebracht. Von hier hat man einen wunderbaren Blick über die Dächer von Wolgast. Sonderausstellungen sind im Stadtgeschichtlichen Museum ebenfalls zu finden. Noch eine Anekdote zum eigenwilligen Namen des Museums: Zwar wird man an der Kasse mit einer Sammlung von Kaffeemühlen empfangen, seinen Namen aber hat das Museum von der Konstruktion des Daches, das in seiner Form einer Kaffeemühle gleicht.
Mehr unter:
Stadtgeschichtliches Museum Kaffeemühle Wolgast
Rathausplatz 6
17438 Wolgast
Tel: 03836/203041
E-mail: info@wolgast.de
www.museum.wolgast.de/einrichtungen/kaffeemuehle

2 Rungehaus

Das Rungehaus liegt in der Kronwiekstraße 45 in Wolgast und ist ein Muss bei einem Besuch in der Stadt, ist der Künstler Philipp Otto Runge doch im Jahr 1777 in diesem Haus geboren. Das Museum versteht sich als Begegnungsstätte. Philipp Otto Runge mauserte sich zu einem vielseitigen Künstler und gilt als einer der Wegbereiter der heutigen Moderne. Er hat u.a. das Märchen vom »Fischer un sin Fru« und andere Märchen aufgeschrieben. Interessant ist, dass er auch die Farbenlehre Goethes vervollständigt hat, indem er die erste deutsche dreidimensionale Farbenlehre schuf. Die spiegelverkehrten Bilder auf französischen Spielkarten hat er ebenfalls entworfen. Der Künstler starb im Alter von nur 33 Jahren an Lungentuberkulose. Das Rungehaus ist baulich fast unverändert, und man hat, was aus Runges Zeit erhalten geblieben ist, sichtbar gemacht. Alles, was mit der Architektur des Hauses zu tun hat, befindet sich in der Ausstellung direkt, was mit dem Leben und Schaffen Runges in Zusammenhang steht, in einem Zehnzentimeterabstand an der Wand. Der Betrachter findet Kunstwerke (Kopien der Originale), Aussprüche und Zitate des Künstlers.

Mehr unter:
Rungehaus
Kronwiekstraße 45
17438 Wolgast
Tel: 03836/202000
E-mail: info@wolgast.de
www.museum.wolgast.de/einrichtungen/rungehaus

3 **Burgstraße**

Die historische Burgstraße war früher die Straße der wohlhabenden Kaufleute. Unter den Häusern befinden sich mächtige Kellergewölbe, die seit jeher zu spannenden Legenden führten. Man sagt, dass es unterirdische Gänge vom alten Schloss bis zur St.-Petri-Kirche gab. In der Burgstraße 7 steht auch das Haus der Familie Runge. Darin befinden sich ein Fayencekamin, ein Kontor und andere Räume, die die Kaufleute damals für ihre Arbeit nutzten. Die Dachböden dienten als Lager- oder Trockenfläche der Waren wie Getreide.

4 **Stadtmauer**

Als Erstes fallen in der Burgstraße die Stadtmauerreste auf. Sie stammen aus dem 14. Jahrhundert und sind die Überreste der einst zehn Meter hohen Stadtmauer.

5 **Museumshafen**

Der Museumshafen liegt direkt am Peenestrom. Hier befinden sich das historische Dampffährschiff »Stralsund«, ein alter Hafenspeicher mit Kran (heute ein Hotel), Wohnhäuser, kleine Restaurants und historische Schiffe. Wie zufällig hingestreut, wechseln sich maritimes Zubehör, wie große Anker oder eine Schiffsschraube, am Kai ab und vermitteln das echte Seefahrtsgefühl. In der Sommersaison gibt es zusätzlich einen Bootsverleih. Ein kleiner Spaziergang lohnt hier allemal.

6 Peenebrücke

Die erste Peenebrücke baute man im Jahr 1936. Zuvor war Usedom nur mit dem Schiff zu erreichen. Weil aber in Peenemünde die Heeresversuchsanstalt errichtet wurde und das Bäderwesen einen enormen Aufschwung fand, war eine Brücke zur Insel vonnöten. Eine Klappe machte die Durchfahrt von Schiffen ohne Probleme möglich. Auch hier hinterließ der Zweite Weltkrieg seine Wunden. Die Brücke wurde 1945 von deutschen Truppen gesprengt. 1950 weihte man sie neu ein und baute 1996 die heutige Brücke, die allen modernen Ansprüchen genügt. Die neue Klappe der Brücke ist nunmehr 19 Meter lang und 42 Meter breit, sodass auch größere Schiffe passieren können. Bekannt ist die größte Waagebalkenbrücke Europas unter dem Namen »Blaues Wunder«. Die Peenebrücke ist nicht nur für Autos, sondern auch für den Schienenverkehr zugelassen.

7 Peene-Werft

Die Peene-Werft liegt direkt am Peenestrom in Wolgast. Zunächst diente sie nach der Inbetriebnahme im Jahr 1948 dem Bau von Küstenmotorschiffen und Kuttern. Danach begann man, Marineschiffe zu konstruieren. Nach der Wende wurde die Werft zunächst als Arbeitsbeschaffungsmaßnahme zum Umbau verschiedener Traditionssegler genutzt. Im Jahr 2012 ging die Werft in die Insolvenz und wurde von der Bremer Lürssen-Gruppe übernommen. Wegen der blauen Schiffbauhallen ist die Anlage nicht zu verfehlen.

8 **Der Speicher**

Der Speicher ist ein historisches Restaurant mit Hotel direkt am Museumshafen. Schon beim Eintreten empfängt den Gast die urige maritime Atmosphäre. Die Theke ist in Schiffsform nachgebaut, alte Balken durchziehen den Gastraum. Witzig ist der Kopf im Fischernetz, der direkt hinter dem Kompass zu finden ist. Wer also gepflegt und in gemütlicher Atmosphäre in Wolgast eine Pause einlegen möchte, ist hier gut bedient.

Mehr unter:
Der Speicher
Hafenstraße 4
17438 Wolgast
Tel: 03836/231891
E-mail: info@speicher-wolgast.de
www.speicher-wolgast.de

9 **St.- Petri- Kirche**

Die St.-Petri-Kirche dominiert Wolgasts Stadtbild. Sie liegt auf einer Anhöhe, und es gibt Vermutungen, dass einst ein slawischer Tempel hier gestanden ist. Die heutige Kirche wurde 1350 errichtet, mehrfach zerstört und wieder aufgebaut. Der letzte Brand entstand im Jahr 1920, als ein Blitz einschlug. Heute besteht der barocke Kirchenbau aus einer gotischen Basilika, einer Sakristei, worin sich auch die Taufkapelle befindet, und dem Westturm. Das Innere besticht mit heller Schlichtheit und dunklem Gestühl. Durch die gewaltige Höhe bekommt die Kirche eine enorme Präsenz. Faszinierend sind die 24 Totentanzbilder des Malers

Caspar Siegmund Köppe, die durchaus Gänsehaut auslösen können.
Mehr unter:
St.- Petri- Kirche Wolgast
Am Kirchplatz 7
17438 Wolgast
Tel: 03836/202269
E-mail: Wolgast-buero@pek.de
www.kirche-wolgast.de

10 Herzogsgruft in der St.- Petri- Kirche
Inmitten der St.- Petri- Kirche befindet sich ein Abgang zur Grabkammer der Herzöge von Pommern-Wolgast. Ein paar Stufen geht es abwärts, und schon steht der Betrachter vor einer Glastür, hinter der die Särge der Adligen zu finden sind.

11 Gertrudenkapelle
Die Gertrudenkapelle liegt etwas außerhalb der Altstadt.
Das Faszinierende an der Gertrudenkapelle sind sicher der zwölfeckige Grundriss und das Sternengewölbe. Die Gertrudenkapelle war einst eine Hospitalkapelle und diente dem Schutz der Pilger. Wer es vor Torschluss nicht bis in die Stadt schaffte, erhielt hier ein Bett und die Möglichkeit zum Gebet. Errichtet wurde die Gertrudenkapelle im Jahr 1421. Heute kümmert sich der Förderverein um die Instandhaltung. Wer die Kapelle besichtigen möchte, bitte unter folgender Telefonnummer anmelden:
Tel: 03836/203041

12 Altes Rathaus

Das ursprüngliche Rathaus wurde bereits im 14. Jahrhundert errichtet. Auch das Gebäude fiel im Jahr 1713 dem Stadtbrand zum Opfer, als im Großen Nordischen Krieg die russischen Truppen unter Zar Peter I. Wolgast niederbrannten. Bis zum Jahr 1724 baute man es auf dem alten Grundriss wieder auf und nutzte auch alte Elemente, wie die beiden Pfeiler seitlich des Rundbogenportals, die noch vom Vorgängerbau stammen. Das weiße Gemäuer besticht durch seine rundliche Giebelform, auf dem ein Laternentürmchen angebracht ist. Der Marktgiebel weist in Richtung St. Petri Kirche. Die Gewölbe unter dem Rathaus (Tonnen-und Kreuzgratgewölbe) sind die ältesten Teile des Rathauses. Heute findet man dort den Ratskeller. Im Rathaus waren in früheren Zeiten neben Wohnungen der Bediensteten, auch das Stadtarchiv, ein Gefängnis und später sogar die Polizei untergebracht.
Heute befinden sich das Kulturamt, das Standesamt und die Stadtinformation in dem Gebäude.

13 Rathausbrunnen

Auf dem Rathausplatz befindet sich ein Brunnen aus dem Jahr 1934. Zuvor stand dort eine Holzpumpe. Der neu gestaltete Brunnen in Blau, Gelb und Schwarz erzählt auf verschiedenen Tafeln ein Stück Wolgaster Geschichte.

14 Schlossinsel

Die Schlossinsel ist ein Teil der Altstadt von Wolgast. Hierbei handelt es sich aber um keine natürliche

Insel. Früher befand sich an dieser Stelle zwischen Wolgast und Usedom eines der schönsten Schlösser Norddeutschlands.

15 Wolgaster Hafen

Die Gründung Wolgasts ist auf den bereits bestehenden Hafen zurückzuführen. Wolgast gehörte zwar zur Hanse, wurde aber dort von Greifswald vertreten. Im 19. Jahrhundert blühte der Handel der Stadt wieder auf, nachdem er zuvor starke Einbrüche erlitten hatte. Heute hat der Wolgaster Hafen keine Handelsbedeutung mehr.

16 Dampffähre Stralsund

Das Eisenbahndampffährschiff »Stralsund« liegt im Museumshafen und ist in seiner Art einzigartig in Deutschland. Immerhin passten drei Eisenbahnwagen und rund 300 Passagiere auf das Schiff. Bis zum Jahr 1936 war die Fähre als Schlepper zwischen Swinemünde und Wollin eingesetzt, sie diente aber auch als Eisbrecher und ab 1937 für den Transport von Material für die Raketenversuchsanstalt in Peenemünde. Als 1945 die Peenebrücke zerstört wurde, übernahm die Fähre die Verkehrsverbindung nach Usedom. 1990 hat die Stadt Wolgast das Schiff aufgekauft und zur Besichtigung freigegeben. Es liegt im Museumshafen und dient als technisches Denkmal. Anzuschauen sind unter anderem der Maschinenraum mit Dampfmaschine und die Kapitänskajüte.

17 **Amazonenbrücke**

Die Amazonenbrücke verbindet die Stadt Wolgast mit der Schlossinsel. Bis zum Jahr 1925 befand sich an dieser Stelle eine hölzerne Zugbrücke. Die danach errichtete erste Amazonenbrücke wurde bei der Sprengung der Peenebrücke 1945 zerstört. Heute steht an der Stelle wieder eine Holzbrücke, die nach alten Vorlagen neu erbaut wurde.

2. PEENEMÜNDE

Auf den ersten Blick ist Peenemünde einfach nur trist und unterscheidet sich gewaltig von der Schönheit und Anmut Usedoms. Dennoch verpasst der Besucher etwas, wenn er hier nicht zumindest einen Tag Station macht. Natürlich ist Peenemünde mit dem Auto zu erreichen, aber am schönsten ist eine Fahrradtour von Karlshagen und zurück, denn man kann auf einer sehr interessanten Route hin- und auf einer landschaftlich völlig anderen wieder zurückradeln.

Rund um Peenemünde liegt noch immer ein großes Sperrgebiet, denn längst sind nicht alle Relikte des Krieges und der NVA-Zeit beseitigt. Deshalb ist ein ausgedehntes Areal rings um den Ort abgesperrt und mit Warntafeln versehen. Das vermittelt ein beklemmendes Gefühl, das sich vor allem bei der Einfahrt nach Peenemünde fortsetzt.

Dort empfängt den Besucher die denkmalgeschützte Ruine der ausgedienten Sauerstofffabrik, die an Hässlichkeit kaum zu überbieten ist. Anschließend durchquert man ein eintöniges Wohngebiet. Einzig versöhnlich auf dem Weg durch Peenemünde ist die alte Zollstation, wo schon König Gustav Adolf 1630 haltgemacht hat und die inmitten der Trostlosigkeit mit ihrem historischen Charme verloren wirkt.

Am Ende der Route landet man schließlich vor dem großen stillgelegten Kohlekraftwerk. Darum herum gruppiert sich das Historisch-Technische Museum mit seinem Freigelände und den Besucherhallen. Das Historisch-Technische Museum ist in seiner Vielfalt imposant und enorm beeindruckend. Der Besucher taucht völlig in die vergangenen Zeiten ein – so bedrohlich sie auch waren. Allein die Informationen rund um die Heeresversuchsanstalt, die einen einzigartigen Einblick in die Herstellung der sogenannten »Wunderwaffe« Hitlers gibt, ziehen in den Bann. Eine bedrückende und zugleich faszinierende Ausstellung.

Weiterhin lohnt es sich, einen Schlenker zum dahinterliegenden alten Kohlekraftwerk zu machen, dem U-Boot und den anderen Museen. Zeit einzuplanen, ist in Peenemünde enorm wichtig.

Die Historie Peenemündes ist ebenfalls sehr interessant: Bevor der Ort zur »Wiege der Raumfahrt« wurde, war er ein verwunschenes kleines Fischerdorf, direkt am Peenestrom gelegen. Die Gegend ringsumher war sumpfig und schwer zugänglich. Schon im Dreißigjährigen Krieg ließ Wallenstein hier eine Schanze errichten, und Schwedenkönig Gustav Adolf fiel mit seinem Heer in Peenemünde ein. Die weiteren Kriege, wie zum Beispiel der unter Napoleon und der Deutsch-Französische Krieg, ließen Peenemünde immer wieder ins Zentrum der kriegerischen Auseinandersetzungen kommen. Der Ort lag strategisch für die Kriegsherren äußerst günstig, denn die Peenemündung war damals die einzige Zufahrt zum Oderhaff.

Bevor der Nationalsozialismus sich des Ortes bemächtigte, hatten die Peenemünder das Bestreben, ebenfalls ein Seebad zu werden. Doch mit dem Bau des Raketentestgeländes und dem Kohlekraftwerk kamen diese Vorstellungen rasch zum Erliegen. 1936 wurde die gesamte Zivilbevölkerung aus dem Ort vertrieben. Der Zweite Weltkrieg tat sein Übriges. Während der NVA-Zeit durften die Menschen zwar wieder hier wohnen, aber ringsumher war militärisches Sperrgebiet, dessen Relikte ich oben bereits beschrieben habe.

Die NVA nutzte sämtliche Anlagen und der Hafen diente als Flottenstützpunkt. Die Wiedervereinigung konnte Peenemünde ebenfalls keinen Charme verleihen, also baute man es als großes Museum für die militärischen Hinterlassenschaften aus.

Selbst wenn es nicht klassisch schön in Peenemünde ist, auch wenn kein Seebäderflair herrscht: Nicht abschrecken lassen, sondern den Ort aufsuchen und für sich entdecken. Es ist ein anderes Urlaubserlebnis, als man es von einem Inselurlaub erwartet, aber man kann definitiv einen interessanten Tag verleben. Und wer das Außergewöhnliche sucht: Es ist hier sogar möglich, einen Bootsbauurlaub verbringen und sein eigenes kleines Boot bauen.

Mehr Infos unter:
Touristinformation Peenemünde
Peeneplatz 6
17449 Peenemünde
Tel: 038371/21656
E-mail: service@peenemünde.info
www.Peenemuende-info.de

ZURÜCK AUS DER VERGANGENHEIT

Etwas war anders als sonst. Mirjam spürte es ganz genau. Es war nicht der Wind, der heute von der Landseite her wehte. Es war auch nicht der fischige Geruch, der deswegen stärker vom Peenestrom über die Insel strich. Und es war nicht der Kormoran, der sich überaus vorwitzig dicht an ihr kleines Haus, das sich in der Nähe des Hafens hinter einer großen Hecke versteckte, herangewagt hatte.

Es lag an der eigenartigen Stimmung, die sie gleich nach dem Aufwachen angefallen hatte. Es war nicht das erste Mal, dass Mirjam von diesem schrecklichen Gefühl heimgesucht wurde. Bislang hatte es sich als nichtig herausgestellt, und so hoffte sie, dass es auch heute so war.

Mirjam trat vor die Tür, denn meist beruhigte sie der Anblick der Schiffe und des ruhigen Gewässers. Sie blickte über den Hafen. Von dort legte gerade eines der Ausflugsschiffe [18] in Richtung Greifswalder Oie ab und würde den darauf fahrenden Urlaubern ein paar angenehme Stunden bescheren. Alles war wie immer: Das Kraftwerk [19] lag im Dunst des Frühnebels, die ersten Besucher drängten sich vermutlich in Richtung des U-Boots [20] und des Historisch-Technischen Museums [21]. Woher nur rührte ihre Unruhe? Lag es an dem merkwürdigen Traum, der sie in der letzten Nacht mal wieder heimgesucht hatte? Der Erinnerungen an die Oberfläche gespült hatte, die sie lieber vollkommen verdrängen wollte?

Eine neuerliche Brise ließ Mirjam erschauern. Sie sollte wirklich von hier wegziehen und endlich alles hinter sich lassen. Neu beginnen. Peenemünde war mit so vielen Erinnerungen behaftet, sie würden sie nie in Ruhe lassen. Niemals. Daran hatten weder die Wende noch die verstrichene Zeit etwas geändert. Was vergangen war, war nicht vorbei. Da konnte sie auch zehnmal so tun, als ob.

»Ist was, Liebling?«

Mirjam wurde von zwei kräftigen Armen umschlungen.

»Nein, warum?« Sie drehte sich zu ihrem Mann Hans um. Sie liebte den Schalk in seinen Augen. Heute blitzten sie besonders.

»Das glaube ich nicht. Ich sehe es dir an der Nasenspitze an, dass dich etwas bedrückt.«

»Ich habe, ehrlich gesagt, darüber nachgedacht, ob wir nicht doch aus Peenemünde wegziehen sollten.«

»Du willst deinen Job im Spielzeugmuseum [22] aufgeben? Den du so sehr liebst? Wo du selbst in deiner Freizeit kaum etwas anderes tust, als nach altem Spielzeug zu schauen, das du der Ausstellung einverleiben kannst?« Hans küsste sie auf die Nasenspitze. »Lass diese Gedanken. Du kannst gar nicht ohne dein Spielzeug leben, meine Liebe.«

Mirjam lächelte. »War auch nur so eine Idee. Ich würde mich in keinem anderen Museum so wohl fühlen wie dort, selbst wenn ›Phänomenta‹ [23] und ›Golf im Dunkeln‹ [24] wirklich ihren Reiz haben. Ein Pendant zum Spielzeugmuseum auf dem Festland zu finden, wird schwer. Du hast recht, ich brauche für mein Glück bei der Arbeit einfach genau diese Umgebung und genau dieses eine Museum.« Mirjam war froh, dass sie mit Hans über Belanglosigkeiten sprechen und dadurch die finsteren Gedanken verdrängen konnte. Noch erleichterter war sie darüber, dass er nicht nachhakte, warum sie ständig davon sprach, Peenemünde verlassen zu wollen. Dafür gab es einen triftigen Grund, den allerdings keiner von beiden je thematisierte. Seit damals. Seit jener Nacht am See. Hans kannte die Antwort, auch ohne dass Mirjam sie aussprechen musste.

Am besten, es wäre nie passiert. Aber wie sollte man Geschehenes ungeschehen machen? Völlig ausgeschlossen. Mirjam musste mit der Last ihrer Vergangenheit leben und versuchen, damit klarzukommen.

Es war nicht mehr weit bis Peenemünde. Schon bei der Einfahrt stach Raik die Ruine der alten Sauerstofffabrik 25 ins Auge. Der Bau hatte in all den Jahren an Hässlichkeit noch dazugewonnen. Wobei das an sich schon schwierig genug war. Der rote Backsteinbau war von Bäumen umwuchert, die einstigen Fenster waren zu viereckigen Höhlen verkommen. Im Inneren wuchs bestimmt Moos auf dem Betonboden. Raik kannte solche Relikte aus der DDR-Zeit zur Genüge. Die Ruine war ein besonders schreckliches Exemplar. Aber er war nicht nach Peenemünde gefahren, um sich Gedanken über dieses alte Gemäuer zu machen. Er war gekommen, weil *sie* hier lebte. Immer noch. Und sich ohne ihn ein Leben aufgebaut hatte. Er hatte damals einen hohen Preis bezahlt. Und nicht nur das: Er war seitdem tot, während sie sich beschaulich in ihr kleines Häuschen zurückgezogen hatte und offenbar so tat, als wäre nicht geschehen, was geschehen war.

Raik hatte viele Jahre Zeit gehabt, darüber nachzudenken, ob und wie er reagieren sollte, doch der Drang, zurück nach Usedom zu fahren und ihr in die Augen zu blicken, war immer stärker geworden. Am Ende so heftig, dass er keine Wahl hatte, als zurückzukommen.

Er konnte die Vergangenheit nicht auf sich beruhen lassen. Er musste endlich reinen Tisch machen. Raik rollte auf die Alte Wache 26 zu. Ihn überholte ein Kleinbus, der für irgendeine historische Rundfahrt 27 zuständig war. So etwas gab es vor der Wende nicht.

Raik hielt an und schaute sich um. Mirjam wohnte am Hafen, das hatte er bereits erkundet. Er fröstelte, als er rechts von sich die Kraftwerksanlage sah. Peenemünde war in den Jahren beileibe nicht schöner geworden. Ob es die Kapelle 28 noch gab? Da, wo ihm Mirjam zum ersten Mal begegnet war? Es wurde Zeit, dass er sie wiedertraf. Mirjam, immer wieder Mirjam … Sein ganzes Leben summte die Melodie ihres Namens.

November 1989

Sie waren frei. Eben war die Mauer gefallen. Ausgelassen tanzten die Menschen durch die Straßen Berlins. In Peenemünde war es etwas ruhiger, wenn auch hier die Freude in den Gesichtern unübersehbar war.

»Komm, Raik, wir gehen zum Deich in die Peenewiesen. Vielleicht ist in Wolgast ein Feuerwerk, das können wir von dort viel besser sehen!« Mirjam hatte besonders gute Laune. Sie träumte von ausgedehnten Einkaufstouren, tollen Klamotten und schicken Frisuren. Bestimmt waren die Wessifriseure erheblich geschickter und flotter als die auf Usedom. Das hatte sie oft genug betont und mit ihrer Sehnsucht vom »Rübermachen« nicht hinterm Berg gehalten, auch wenn es gefährlich war, das lautstark kundzutun. Mirjam war eigenartigerweise nie etwas passiert.

Raik hatte keine große Lust auf diese Feierei, aber Mirjam setzte sich ohnehin immer durch, und die Gruppe fand ihre Idee grandios. Allein schon deshalb, weil es was zu trinken gab. Natürlich ging Raik mit, denn er war einfach nur froh, in Mirjams Nähe sein zu können.

Die Freunde hatten Bier dabei und drei Flaschen Korn. Im Gänsemarsch spazierten sie auf dem Deich entlang in Richtung Cämmerer See **29** und sangen sämtliche Volkslieder, die ihnen in den Sinn kamen, von vorne bis hinten. Irgendwann stimmte einer von ihnen jedoch den Udo Lindenberg Song »Sonderzug nach Pankow« an. Von da an war Schluss mit den Volksliedern. Sie gingen über zu Marius Müller-Westernhagens »Freiheit«. Hell ertönten ihre Stimmen durch die klare Nacht. Sie sangen. Laut, falsch, und keiner dachte an die Konsequenzen, die das vielleicht doch haben könnte. Hier in den Peenewiesen hörte sie schließlich niemand. Ein paar Skeptische summten ohnehin nur mit. So ganz war das Freiheitsgefühl noch nicht bei allen angekommen. Wer wusste schon, wie lange der Zustand andauern würde. Offene Grenzen, das klang wie ein Märchen, aber weiß Gott nicht nach Realität.

»Man weiß ja auch nie, was davon wahr ist«, hörte Raik, und insgeheim stimmte er der Aussage zu. Der Mond spiegelte sich im Peenestrom, es war, als ahne das gesamte Universum, was eben mit ihrem kleinen Land geschah.

Die jungen Leute ließen sich auf einem Steg am See nieder. Ein Vogel flog mit heftigem Flügelschlagen davon. Dann war es ungewöhnlich still. So lange, bis die ersten Kronkorken von den Bierhälsen knackten.

»Ein Prosit auf das Radeberger!«, lachte Rüdiger. Er lallte.

»Nun kann man reisen, wohin man will.« Mirjam nahm einen kräftigen Zug aus der Flasche. »Keine Grenzen werden uns mehr aufhalten. Nie wieder. Wir werden in die weite Welt fahren dürfen. Fliegen, in jedes Land der Erde. Wer hätte das je gedacht, dass die Montagsdemos solche Auswirkungen haben werden. Na wer?« Herausfordernd blickte sie in die Gesichter ihrer Freunde. Oder zumindest in die, die sie in der Dunkelheit erkennen konnte.

»Nun warte es lieber ab«, sagte Michael. Er arbeitete als Fischer und war stets übervorsichtig. »Wer weiß, was die sich da oben noch einfallen lassen. Kann mir nicht vorstellen, dass das so reibungslos funktionieren soll. Du kennst Honni.« Es war schon fast revolutionär, dass er so respektlos über den Staatsratsvorsitzenden sprach.

Die Mädchen kicherten. Sarah stimmte wieder das Pankow-Lied an. Es klang beinahe feierlich, wie die jungen Stimmen den Song über den Cämmerer See trugen.

»Das müsste Udo jetzt sehen und hören«, jubelte Mirjam, die ein bekennender Lindenberg Fan war und sogar zu seinem Konzert in Ost-Berlin hatte fahren dürfen. Mirjam durfte immer alles. Obwohl sie eine große Klappe hatte. Obwohl sie nicht angepasst war. Obwohl sie vom Westen schwärmte, und das nicht gerade leise. Aber ihr haftete etwas Unverwundbares an, was auch die Lehrer und der Freundschaftspionierleiter bemerkten und sie nie maßregelten. Mirjam fuhr keiner vor den Karren. Ihre Aura umwaberte alle und ließ nicht zu, ihr Tun zu hinterfragen. Mirjam war eine Diva. Raik liebte sie. Rüdiger liebte sie. Hans liebte sie. Jeder liebte sie.

Mirjam wurde nach einer Weile kalt, und sie kuschelte sich dicht an Raik. Sie berührte ihn scheinbar unbeabsichtigt an den Oberschenkeln. Sein Herz klopfte. So nah war sie ihm noch nie gekommen. Mirjam war kein Mädchen, das Nähe oder Zuneigung suchte, denn ihr flog immer alles entgegen, und sie konnte auswählen, wen sie an sich heranließ und wen nicht. Sollte Raik die Gunst der Stunde nutzen? Mirjam hatte bereits, zusätzlich zum Bier, eine Menge Korn intus, ihre Laune war super. Und sie lehnte an *seiner* Brust. Nicht an der von Hans oder von Rüdiger, den sie sogar einmal erhört hatte. Zumindest hatte er damit geprahlt, aber er redete auch viel.

Raiks Herz klopfte wie wild, als Mirjams Haar seinen Oberarm streifte. Vorsichtig legte er den Arm um ihre Schultern. Sie ließ ihn gewähren, aber als er seine Nase an ihrem süßlich duftenden Nacken rieb, stieß sie ihn weg und stand auf. Raik umklammerte ihr Handgelenk, zog sie kurz zurück und hauchte ihr einen Kuss auf die Lippen, den sie für eine Sekunde tatsächlich erwiderte.

Dann riss sie sich los und balancierte einer Elfe gleich auf dem Steg entlang. »Was Männer sich immer einbilden!«, lallte sie hämisch. »Waschlappen.« Sie warf einen bedeutungsschweren Blick zu Raik, den alle verstanden. Ein paar lachten aufreizend in seine Richtung.

»Komm, lass das, schöne Frau. Nicht, dass du noch ins Wasser fällst!«, rief einer der Jungs und umarmte sie. Mirjam ließ es zu. Sie war viel zu betrunken, als dass sie sich hätte wehren können. Aber vermutlich lag das gar nicht in ihrer Absicht. Mirjam brauchte den Applaus und die Bewunderung. Egal von wem. Und wenn sie nach unten treten konnte, dann tat sie das. Selbst diese Reaktion brachte ihr Bewunderer ein.

Dass Raik sich verletzt auf den Weg zurückzog, bemerkte niemand. Mirjam schon gar nicht. Sie knutschte mit Rüdiger.

Mirjam hatte zwei Tassen Kaffee getrunken in der Hoffnung, damit die düsteren Gedanken vertreiben zu können. Sie hatte in der Nacht von jenem Abend geträumt. Als die Mauer fiel und sie gemeinsam zum See gelaufen waren. Raik war total scharf auf sie gewesen. Das hatte Mirjam nervös gemacht, denn nach dem vielen Korn war sie nicht mehr klar im Kopf. Als sie seinen heißen Atem im Nacken gespürt hatte, waren ihr die Knie weich geworden.

Sie war aufgesprungen und an die Kante des Stegs gegangen. Sie wollte sich von ihm nicht verwirren lassen und sie hatte sich eines geschworen: niemals Schwäche zu zeigen. Anschließend mit dem dummen Rüdiger zu knutschen, war eine willkommene Abwechslung gewesen, denn der Typ berührte sie ganz und gar nicht. Deshalb war ihr nicht einmal aufgefallen, dass Raik gleich verschwunden war, nachdem sie ihn erfolgreich abgewehrt hatte. Er war nie wieder aufgetaucht. Damals war das Gerücht umgegangen, er habe in den Westen rübergemacht. Mirjam hatte dem besser nie widersprochen.

Raik parkte an der »Alten Wache« und nahm sich dort ein Zimmer. Zuerst musste er herausfinden, wo genau Mirjam lebte. 30 Jahre war es nun her. 30 verdammt lange Jahre. Und er konnte seitdem auf dem rechten Ohr nichts mehr hören. Weil er an dem Abend … Nein, nicht darüber nachdenken. Alle hatten nach der Wende weiter gemacht. Manche, als ob es keine politische Veränderung gegeben hätte, außer dass sie nun ihr Maul aufreißen durften, manche hatten mit fliehenden Fahnen die Seiten gewechselt, weil es so leichter war, sich zu behaupten. Und wieder andere jammerten den alten Zeiten hinterher.

Er war damals nach Lübeck gegangen, nachdem er sich gerettet hatte, denn er wollte weiterhin das Meer vor der Nase haben. Und nicht irgendein Meer, sondern die Ostsee mit ihrem unvergleichlichen Blau. Sie hatten in der Klinik alles versucht, aber der Schaden im Innenohr war nicht zu beheben gewesen. Sein Andenken an diese Nacht.

Mirjam wollte am Abend früh schlafen gehen, nachdem sich das ungute Gefühl auch am Tag nicht verflüchtigt hatte. Im Gegenteil, es war stärker geworden. Als sie aus dem Fenster geschaut hatte, war ihr sogar so gewesen, als hätte sie Raik gesehen, doch das konnte nicht sein. Raik lag irgendwo in der Tiefe des Cämmerer Sees.

»Ich jogge noch, Liebes«, sagte Hans. »Die Luft ist so wunderbar klar, da wäre es eine Sünde, schon so früh zu Bett zu gehen. Aber leg dich ruhig hin. Ich husche später leise zu dir.«

»Mach das, Hans. Vielleicht geht es mir morgen besser. Ich hoffe es.« Da ihr Mann es von Mirjam gewöhnt war, dass sie hin und wieder von ihren schwermütigen Attacken angefallen wurde, nahm er es hin. Er schlüpfte in seine Turnschuhe und joggte los.

Mirjam schaute in die untergehende Sonne und ahnte, dass nichts, wirklich gar nichts gut war.

Raik machte sich auf den Weg zum Cämmerer See. Er wollte an den Ort zurück, wo alles hätte beginnen sollen und geendet hatte. Die Sonne sank zusehends und färbte die Landschaft rot. Gleich würde sie im Meer versinken. Das konnte er leider von hier aus nicht erkennen. Der Fahrradweg 30 war steinig, aber besser angelegt als damals. Überhaupt hatte sich ganz Usedom zu seinem Vorteil verändert. Die meisten Bauten waren restauriert worden, die Straßen neu. Lediglich im Binnenland stieß man noch auf die alten holprigen Pflaster, die ihm aber mehr ein Gefühl von Zuhause vermittelten als die Neuerungen. Es war fast ein Kulturschock gewesen, als er damals nach Lübeck gekommen war. Die vielen Auslagen in den Fenstern, die dicken Autos. Und er, der kleine DDR-Bürger, auf einem Ohr taub, ohne Arbeit. Denn wer im Westen wollte schon einen Tischler von drüben?

Die jahrelange Arbeitslosigkeit hatte an seinem Selbstbewusstsein gekratzt. Irgendwann erbarmte sich ein Betrieb seiner, nach jahrelangem Hin und Her wurde auch seine Ausbildung anerkannt, und dann gehörte er dazu. Kein Mensch in seinem Bekanntenkreis sprach ihn mehr darauf an, dass er ein »Ossi« sei. Die meisten wussten es nicht einmal. Er war der halb taube Raik, selbst das war irgendwann gleichgültig. Nach außen wirkte es, als ginge alles stetig aufwärts, und nur er wusste, dass es nicht so war.

In ihm war etwas zerbrochen. Raik konnte sich einfach nicht mehr verlieben. Das Vertrauen war völlig weg. Er traute keiner Frau, glaubte, sie würde sich bald über ihn lustig machen. So wie Mirjam.

Hans war heute schneller aus der Puste als sonst. Er wollte es wenigstens bis zu den alten Bunkern 31 schaffen. Dort konnte er umdrehen und zurück zu Mirjam laufen. Sie fiel ihm so manches Mal auf die Nerven, wenn sie in ihre depressive Phase kam. Ja, mein Gott. Damals war einiges schief gelaufen. Was baggerte der Typ aber auch sein Mädchen an? Da musste er doch mit einer Abfuhr rechnen, verdammt. Er hatte ihm eine klare Ansage gemacht, als er ihn am See angetroffen hatte. Einen Steg weiter und heulend. Diese Memme. Und das, weil Mirjam ihn nicht an sich ranlassen wollte. Das Geknutsche mit … wie hieß er gleich … ach egal, das war nur ein Schutz vor Raik gewesen, der sie schon viel zu lange anschmachtete. Danach hatte er sie in Ruhe gelassen und kapiert, dass da nichts lief.

Hans lief nun am besagten Steg vorbei, der ihm trotz der aufgesetzten Coolness Bauchschmerzen bereitete. Das Holz war neu verlegt und gestrichen, alles stabilisiert, kein lockeres Brett mehr. Nichts erinnerte an die Anlegestelle von damals. Der Angelverein hatte alles neu hergerichtet. Eigentlich hatte Hans in jener Nacht gar nicht mehr kommen wollen. Er war Bootsbauer, und das Projekt wollte er noch fertig bringen. Vielleicht hatte ihn auch der Instinkt zum See getrieben. Dass Raik ein Auge auf Mirjam geworfen hatte, war ihm schließlich nicht verborgen geblieben.

Raik sah Hans schon von Weitem kommen. Er erkannte ihn an seiner schlaksigen Art zu laufen sofort. Es gab Dinge, die änderten sich eben nie. Jetzt wurden Hans' Schritte merklich langsamer. Er erkannte, wer auf dem Steg stand.

»Dich gibt es noch?« Seine Frage wirkte mehr als erstaunt, aber Hans war niemand, den man lange mit etwas verblüffen konnte.

»Ja, Ich bin tatsächlich in den Westen gegangen und nicht ersoffen oder ins Wasser gegangen, wie ihr damals vielleicht gehofft hattet.«

Hans kniff die Lippen zusammen. »Wäre bestimmt besser gewesen. Zumindest hätte ich persönlich es vorgezogen, wenn du hier nicht mehr aufgetaucht wärst. Was willst du?«

»Du hast sie geheiratet.« Es war eine Feststellung, keine Frage, weil die Antwort klar war.

»Ja, habe ich.«

Schweigen. Langes Schweigen. Aber ihre Blicke taxierten sich, schätzten ab, was vom Gegenüber zu erwarten war. Schließlich durchbrach Hans die unangenehme Stille. »Was willst du?« Er stemmte die Hände in die Hüften. »Es gibt nichts, worüber wir diskutieren müssten.«

»Ich will Mirjam sehen. Ich will ihr in die Augen sehen. Sie soll wissen, dass ich lebe. Wenn auch als Krüppel. Bin halb taub dank ihr!« Er lachte auf. »Der Kampf um sie ist nie zu Ende, mein Guter. Egal war ich ihr nämlich nicht.«

Hans machte einen Schritt auf Raik zu, der aber keineswegs zurückwich. Nichts haftete ihm mehr von der einstigen Schüchternheit an.

»Hau ab!«

»Willst du mir drohen? Du? Du hast doch nur Angst, dass ich rede! Oder sie ins Bett kriege. Auch nach all den Jahren. Sie war ja schon damals nicht abgeneigt. Ach, das erwähnte ich ja schon.«

»Wer würde dir glauben, du Schlappschwanz? Keiner. Keiner! Und nochmals keiner.« Hans lachte roh, nur klang es unsicher. Er büßte jede vergehende Sekunde seine überhebliche Haltung mehr ein. Aber da lauerte etwas in seinen Augen, was Raik einen Augenblick verunsicherte.

Hans machte einen Schritt auf ihn zu. Nur einen ganz winzigen, aber das reichte aus. Raik wich zurück. Trat auf die Kante des Stegs. Ruderte mit den Armen. Und fiel.

Mirjam machte sich noch in der Nacht auf die Suche nach ihrem Mann. Eine innere Stimme sagte ihr, wo sie ihn finden würde. Die Taschenlampe warf einen schmalen Lichtstreifen auf den Weg und tanzte bei jedem ihrer Schritte auf und nieder. Der Steg lag verwaist vor ihr. Hier hatte Raik seinen Arm um sie gelegt. Mirjam wagte, das Holz zu betreten, obwohl gerade das in ihr diese schrecklichen Bilder heraufbeschwor. Das Wasser gluckerte im Schilf. Mirjam ließ den Lichtkegel über den See gleiten.

Nichts. Sie lief zurück zum Weg und versuchte es einen Steg weiter vorn. Wieder polterten ihre Schritte auf dem Holz, doch dieses Mal *war* es bedrohlich. Mirjam wusste, dass sie etwas finden würde, was sie keinesfalls finden wollte. Sie erschrak folglich nicht einmal, als sie am Pfahl des Stegs einen leblosen Männerkörper treiben sah. Sie bückte sich, wendete den Körper mit einem Stecken, und drehte den Kopf vorsichtig zur Seite, damit sie das Profil erkennen konnte. Mirjam schrak zusammen. Das konnte nicht sein, und trotzdem war unverkennbar, dass sie sich nicht täuschte.

Der Tote war Raik. Obwohl sie ihn dreißig Jahre nicht mehr gesehen hatte, erkannte sie ihn sofort wieder. Sie blickte sich um. Verdammt, wo steckte Hans?

1989

Mirjam verließ nach der Knutscherei den Steg. Ihr war übel. Außerdem wollte sie nach Hause. Ihre Hoffnung, Hans könne noch kommen, hatte sie aufgegeben. Er baute vermutlich seelenruhig an seinem Boot. Dabei vergaß er die Welt. Und sie. Sie vergaß er auch.

Mirjam wandte sich in Richtung Peenemünde und stolperte über den steinigen Weg. Sie konnte kaum die Hand vor Augen sehen und bereute schon bald, dass sie überhaupt allein losgegangen war. Ein paar Hundert Meter südlich lag ein weiterer Steg, der nun feucht im Mondlicht glänzte. An seinem Ende kauerte ein Mann. Mirjam erkannte Raik und steuerte auf ihn zu. »Was tust du hier?«

Er schnellte herum. »Das fragst du noch? Erst machst du mich heiß und dann stehst du auf, als hätten wir nur übers Wetter gesprochen!«

»Ich soll dich heißgemacht haben? Ich habe mich nur an dich gelehnt, weil mir kühl war. Du hast da was in die Sache hineininterpretiert und versuchst nun, mir die Schuld zu geben.«

»Ach, und warum taucht dann dein Kerl hier wutentbrannt auf und attackiert mich mit seiner Eifersucht?«

Mirjam schrak zusammen. »Hans war hier?«

»Ja, und er ist gleich nach Peenemünde zurück, als ich ihm gesagt habe, was du grad tust. Er war echt sauer. Das war es wohl mit euch.«

Mirjam wurde abwechselnd heiß und kalt. »Was hast du Idiot ihm erzählt?«

»Die Wahrheit, du Nutte!«

Mirjam packte Raik am Oberarm. »Du verdammter Mistkerl!«

»Kann ich dich nicht haben, soll er dich auch nicht kriegen.« Raik lachte dreckig. Dabei rannen ihm Tränen über die Wangen.

Mirjam griff an die Brüstung. Das Geländer war morsch, und so hatte sie einen der Balken in der Hand. Sie riss ihn mit einem Ruck aus dem Holz und schlug es

Raik auf den Hinterkopf. Er sackte sofort in sich zusammen. Sein Blut versickerte im Steg. Mirjam schaute sich fieberhaft um. Raik musste weg. Für immer. Und das Blut musste verschwinden. Ein Stoß genügte, und er versank im Cämmerer See. Mirjam rannte nach Peenemünde, direkt zu Hans.

»Ich hab Raik getroffen«, sagte er.
»Ich weiß.«

Mirjam schaute sich um, doch von Hans fehlte jede Spur. Raik war seit 30 Jahren verschollen und hatte ihr mit seinem Verschwinden das Leben zur Hölle gemacht. So viele Jahre hatte sie sich gefragt, was aus ihm geworden und ob sie tatsächlich eine Mörderin war. Ob Raik sich rächen würde, falls er überlebt hatte. Und nun schwamm er tot hier im Cämmerer See, und ihr war klar, dass er das nicht schon seit 30 Jahren tat.

»Nun ist er tot. Endgültig.«
Mirjam fuhr herum. Hinter ihr stand Hans.
»Hast du …«
Er nickte und führte Mirjam weg vom Wasser. »Er wollte dir das von damals heimzahlen. Das konnte ich doch nicht zulassen.« Er zog seine Frau dicht an sich heran. »Hör mal, Miri. Es hat dich doch die ganzen Jahre so gequält. Wenn er jetzt aber geredet hätte, dann hättest du gewusst, dass das nur die Vorstufe zum Fegefeuer gewesen war.«

Mirjam stieß ihren Mann weg und schlug die Hände vors Gesicht. Hörte das denn nie auf? Aber hätte sie wirklich für den Stoß belangt werden können?

»Komm, wir gehen«, sagte Hans. »Hier kennt ihn keiner mehr, und niemand weiß, was in jener Nacht vor 30 Jahren am See passiert ist. Zu uns gibt es keinerlei Verbindung. Heute waren wir nicht hier. Da sind wir uns einig, oder?«

Mirjam schüttelte den Kopf. »Aber wir können doch nicht …«

»Oh doch, wir können. Damals hab ich deinen ›Mord‹ gedeckt, von dem ich wirklich dachte, dass du ihn begangen hast. Heute tust du dasselbe für mich. Raik ist Geschichte.« Hans lief los, sein Schritt wirkte beschwingt, so als habe er einen schweren Rucksack am Wegesrand stehen gelassen. Sein Rivale war endgültig aus dem Weg geräumt. Mirjam sah ihrem Mann nachdenklich hinterher, bis er von der Dunkelheit verschluckt wurde.

Sie wandte sich noch einmal an Raik, der bäuchlings im Wasser dümpelte. »Leb wohl! Es wäre besser, du wärest aus der Vergangenheit nicht zurückgekommen.«

Dann folgte sie Hans. Ihr Schritt wirkte ebenfalls merklich leichter. *Sie* war keine Mörderin. Sie nicht.

FREIZEITTIPPS

18 Schifffahrt zur Naturschutzinsel Greifswalder Oie
Es besteht die Möglichkeit, zur Greifswalder Oie, einem großen Naturschutzgebiet, mit einem Schiff zu fahren. Die Tour beginnt im Hafen von Peenemünde. Es geht den Peenestrom aufwärts, vorbei an der Insel Ruden, und schließlich gelangt man zur Greifswalder Oie. Die Fahrt dauert etwa 90 Minuten, danach kann man circa zwei Stunden die Oie genießen. Enthalten sind eine Führung und ein Vortrag im Informationszentrum und die Besichtigung des Leuchtturms. Eine Vorabreservierung ist notwendig. Mit etwas Glück können auch Seeadler bei dieser Tour beobachtet werden, denn auf Usedom gibt es eine relativ große Anzahl dieser majestätischen Vögel.
Mehr unter:
www.schifffahrt-apollo.de

19 Historisch-Technisches Museum/Kohlekraftwerk
Das Kohlekraftwerk mit seinen Anlagen dominiert das Historisch-Technische Museum. Schon die Außenbekohlungsanlage mit Kranbrücke ist sehenswert. Die Kohle wurde aus Schlesien über die Oder angeliefert. Mittels des schrägen Förderbands wurde sie an Land in die Vorratsbehälter transportiert.
Nähert man sich dem Kraftwerk, fallen die immensen Schwalbenkolonien auf, für die die riesigen Gebäude ein wahres Paradies sind. Das Kraftwerk selbst wurde in den Jahren 1939–1942 erbaut und

erst 1990 stillgelegt. Im Inneren befindet sich eine Ausstellung zur Geschichte der Industrieanlage. Die Entwicklung vom einfachen Fischerdorf Peenemünde bis zum Museumsort ist unglaublich interessant.

An vielfältig gestalteten Schautafeln mit Fotos, Dokumenten und Zeitungsausschnitten erfährt der Besucher alles zur Entstehung und Nutzung des Kohlekraftwerks bis ins Jahr 1990. Weiterhin sind auch die einzelnen technischen Anlagen zu besichtigen. Mit dem Fahrstuhl gelangt man aufs Dach des Gebäudes und hat von dort einen einzigartigen Blick zum Festland und über die Insel Usedom. Aber auch das Ausmaß der Peenemünder Militäranlage wird deutlich. Gut zu erkennen sind der Kölpiensee – dieser wird tatsächlich mit »ie« geschrieben – in die eine und der Cämmerer See in die andere Richtung. Fantastisch ist der Blick über den Peenestrom bis Wolgast.

Weiterführende informative Literatur bietet der Museumsshop. Interessant ist vor allem die Broschüre »Das Historisch-Technische Museum Peenemünde«, in der detailliert und mit vielen Fotos über das gesamte Gelände berichtet wird.

[20] **U-Boot**

Das U-Boot gehört zum Maritimen Museum Peenemündes. Es liegt im Wasser und ist zur Besichtigung freigegeben. Es handelt sich um das konventionell angetriebene Boot U 461 und gehörte zur ehemaligen Baltischen Rotbannerflotte. Das U-Boot liegt an der Pier des einstigen Marinestützpunktes in Pee-

nemünde. Für alle, die sich für die Geschichte der Marine interessieren, ein Muss.
Mehr unter:
Maritim Museum Peenemünde
(U-Boot/Juliett U-461)
Haupthafen
17449 Peenemünde
Tel:038371/89054
www.peenemuende-info.de/u-boot.de

21 Historisch Technisches Museum/Heeresversuchsanstalt

Das Historisch Technische Museum in Peenemünde ist sicher das beeindruckendste Museum im Ort. Es erschließt sich über den Eingangsbereich mit der Bunkerwarte, einer großen Freifläche mit der Präsentation der sogenannten »Wunderwaffe«, der Rakete A4, und der alten Werkbahn. Das Kraftwerk gehört mit seinem Museum ebenso dazu wie der Ausstellungsbereich zur deutschen Raketengeschichte. Da das Historisch Technische Museum sehr umfangreich ist, habe ich das Kraftwerk als extra Ausflugstipp herausgenommen.

Der Eingangsbereich des Museums befindet sich in der alten Bunkerwarte, die dem Kraftwerkspersonal als Luftschutzbunker diente und zeitgleich mit dem Kraftwerk errichtet wurde. Außerdem wurde die Bunkerwarte als Schaltwarte genutzt. Sie ist der letzte vollständig erhaltene Teil der damaligen Heeresversuchsanstalt und deshalb sehenswert. Von dort gelangt der Besucher auf die weitläufige Außenanlage und wird sofort vom Anblick des imposanten

Kraftwerks in den Bann gezogen. Doch zunächst lohnt ein Spaziergang auf dem Freigelände. Beeindruckend ist es, vor der A4 Rakete zu stehen und zu erfahren, welches Ziel und welche Geschichte sich hinter dem schwarz-weiß gehaltenen Flugkörper verbergen. Fesselnd ist die Dokumentation über die Abschussrampe »Walter-Schlitzohr-Schleuder«. Ausführliche Informationen erhält der Besucher in der Ausstellung zur deutschen Raketengeschichte. Sie erstreckt sich über mehrere Etagen und bietet einen interessanten Blick in die Heeresversuchsanstalt Peenemünde.

Spannend ist weiter der Besuch in den Waggons der gelb-roten Werksbahn. Diese Bahn diente nicht nur dem Gütertransport, sondern auch der Personenbeförderung. Für den Besuch des Museums bitte viel Zeit einplanen, weil die Ausstellungsbereiche sehr umfangreich sind.

Mehr unter:
Historisch-Technisches Museum Peenemünde GmbH
Im Kraftwerk
17449 Peenemünde
Tel: 038371/505-0
E-mail: HTM@peenemuende.de
www.peenemuende.de

22 Spielzeugmuseum

In der Museumsstraße 14 liegt das Spielzeugmuseum. Es bezeichnet sich selbst als Traum-und Märchenwelt. Der Besucher erlebt eine spannende Zeitreise durch verschiedene Epochen. Es ist interessant zu

erkennen, wie sich die Spielzeuge von der Generation der Großeltern bis in die heutige Zeit verändert haben. Zu finden sind in über 100 Vitrinen und 1000 Kleinregalen Exponate über den klassischen Teddybären bis hin zu Dampfmaschinen, alten Eisenbahnen und Kaufmannsläden. Außerdem gibt es ein Kino.
Mehr unter:
Spielzeugmuseum Peenemünde
Museumsstraße 14
17449 Peenemünde
Tel: 038371/25656
www.usedom-spielzeugmuseum.de

23 Phänomenta

Phänomenta Peenemünde liegt in der Museumsstraße 12. Ein Museum, das definitiv einen Abstecher wert ist. Der Besucher erlebt eine interessante Entdeckungsreise durch viele physikalische Phänomene und ausgeklügelter Technik. Spannend sind der sogenannte Astronautentrainer (hier kann man die Schwerelosigkeit erleben) oder ein Spiegel, in dem sich der Betrachter von hinten sehen kann. Es warten aber noch mehr Überraschungen auf den Besucher. Circa 300 Stationen laden zum Entdecken und Erforschen ein. Das rot-weiße Gebäude ist nicht zu verfehlen. Die Öffnungszeiten und Näheres erfahren Sie am besten unter:
Phänomenta Peenemünde
Museumsstraße 12
17449 Peenemünde
Tel: 038371/26066

E-mail: info@phaenomenta-peenemuende.de
www.phaenomenta-peenemuende.de

24 **Minigolf im Dunkeln**
Die Anlage liegt ebenfalls in der Museumsstraße und wird auch als »Glow Golf« bezeichnet. In dieser Indooranlage begeben sich die Spieler mit 18 Bahnen auf Schatzsuche und befinden sich dabei in einer Piratenwelt. Mal sind sie auf Landgang, mal finden sie sich in der Tiefsee wieder. Und alles in 3D und fluoreszierenden Farben. Der Spaß ist vorprogrammiert und ist vor allem an Regentagen Familien sehr zu empfehlen. Die Glow-Golf-Anlage kann auch für Feiern und Kindergeburtstage gemietet werden.
Mehr unter:
Glow Golf (Minigolf im Dunkeln)
Museumsstraße 4
17449 Peenemünde
Tel: 038371/553710
E-mail: peenemuende@glowgolf.de
www.glowgolf.de/standort/peenemuende

25 **Ruine Sauerstofffabrik**
Fährt man nach Peenemünde hinein, fällt als Erstes die Ruine der alten Sauerstofffabrik ins Auge. Da man 1938 beschloss, die Heeresversuchsanstalt auszubauen, war es notwendig, flüssigen Sauerstoff zu produzieren. Deshalb errichtete man ein weiteres Werk, wo ab dem Jahr 1942 täglich 13.000 Kilogramm flüssiger Sauerstoff gewonnen wurden. 1944 wurde das Sauerstoffwerk bei einem Bomben-

angriff beschädigt, aber es war weiterhin funktionstüchtig. Nach dem Krieg demontierte die sowjetische Militäradministration die Anlage. Es wurde als Lagerstätte genutzt. Heute gehört die Ruine zur Denkmallandschaft Peenemündes. Diese Landschaft besteht aus einem 25 Quadratkilometer großen Areal und es sind viele Bau-und Bodendenkmäler dort zu finden. Ein Rundweg zieht sich durch das gesamte Gebiet. Die Heeresversuchsanstalt bildet den Schwerpunkt. Dazu gehören aber auch Ruinen von Hauptwache, einer Siedlung und ein altes Zwangsarbeiterlager und die Ruine der Sauerstofffabrik. Es ist in Planung, auch dieses Gebäude langfristig Besuchern zugänglich zu machen.

26 Alte Wache

Bevor man in die Museumsstraße einbiegt, kommt der Besucher an einem weiß getünchten Haus vorbei, vor dem drei Soldaten als Skulpturen postiert sind. Hierbei handelt es sich um die »Alte Wache« Peenemündes. Sie ist eine Gaststätte mit langer Tradition. Man kann dort einkehren, sich aber auch ein Zimmer oder eine Ferienwohnung mieten. Hier residierten nicht nur im Juni 1630 der Schwedenkönig Gustav II. Adolf nach seiner Landung in Peenemünde, sondern im Jahr 2003 sogar der heutige König von Schweden, Carl XVI. Gustav. In der »Alten Wache« befinden sich neben dem Gasthaus und der Pension ein Buchladen und ein kleiner Verlag. Wer sich dort einquartieren möchte:
Alte Wache
Zum Hafen 4

17449 Peenemünde
Tel: 038371/21464
E-Mail: service@altewache-peenemuende.de
www.altewache-peenemuende.de

27 **Historische Rundfahrt Peenemünde**
Täglich um elf Uhr, um 13 Uhr und um 15 Uhr (Hauptsaison) besteht die Möglichkeit, mit dem Kleinbus eine historische Rundfahrt zu machen. Die Tour führt durch Peenemünde und durchs Naturschutzgebiet Peenemünder Haken. Auf der Strecke sind die historischen Stätten der Raketen-und Luftfahrtentwicklung zu sehen. Den Besucher erwarten dabei anschauliche und hintergründige Informationen. Bei der Fahrt durchs Naturschutzgebiet wird vor allem die vielseitige Flora und Fauna des Peenemünder Hakens deutlich. Es ist sinnvoll, einen Fotoapparat und ein Fernglas dabei zu haben.
Mehr Infos:
www.peenemuende.west.de

28 **Kapelle und Gedenkstein**
Die Kapelle mit dem Gedenkstein liegt östlich des Historisch-Technischen Museums. Die Kapelle ist eines der wenigen Relikte aus der Zeit des ursprünglichen Fischerortes Peenemünde. Die Kapelle diente als Friedhofskapelle und wurde 1876 gebaut. 1993 wurde sie auf dem alten Fundament wieder neu errichtet und 50 Jahre nach dem Bombenangriff auf Peenemünde eingeweiht.

29 Cämmerer See

Der 18 Hektar große Cämmerer See liegt südlich von Peenemünde. Einst war er eine Ausbuchtung des Peenestroms. Beim Bau der Heeresversuchsanstalt wurde er abgedeicht. Heute dient er als Angel- und Badesee. Außerdem befindet sich ein Naturlehrpfad rund um das Gewässer.

30 Radweg mit Vogel-/Tierwelthinweisen

Nach Peenemünde führen zwei wunderbare Fahrradrouten, die man als Rundkurs bei einem Besuch dort nutzen kann. Biegt man in der Straße Am Hafen in die Feldstraße ab, gelangt man zu einem Radweg entlang des Deiches am Peenestrom. Der Weg führt durch die Peenewiesen vorbei am Cämmerer See und dem Strom. Der Deich wurde ab 1936 vom Hafen Karlshagen bis zur Nordspitze Usedoms gezogen. Am Radweg befinden sich nicht nur die Bunkerreste, sondern auch ein Teil des Naturlehrpfades Usedom. Am Weg sind immer wieder Schutzhütten zu finden, die Pausen möglich machen.

31 Bunker in den Peenewiesen

Der erste Eindruck täuscht, erinnern die Bunkerreste in den Peenewiesen an Relikte aus der Römerzeit, gleichen sie baulich doch Aquädukten. Dennoch handelt es sich bei den Betonresten um ein Stück Militärgeschichte. Insgesamt befanden sich an dieser Stelle neun oberirdische Bunker, die man absichtlich ein Stück entfernt vom eigentlichen Werksgelände baute. Sie waren als Lagerungsstätten für die geplanten Raketen der Heeresversuchsanstalten gedacht. In jedem der 28 Meter langen, 16 Meter breiten und vier Meter hohen Bunker konnten vier dieser Raketen gelagert werden. Alle Bunker wurden nach dem Krieg gesprengt.

3. KARLSHAGEN/TRASSENHEIDE

Karlshagen und Trassenheide liegen im Norden von Usedom. Beide Orte haben wunderbare Strände mit vorgelagerten kleinen Dünenketten und einer pittoresken Landschaft. Der Strand in Karlshagen ist 80 Meter breit. Wer also Ruhe, Erholung und den perfekten Strandurlaub sucht, ist hier bestens aufgehoben. Allein die Weitläufigkeit des feinsandigen Strandes, gespickt mit Strandkörben, der Blick zur Greifswalder Oie und über die Ostsee lassen Urlaubsgefühle pur aufkommen. Karlshagen grenzt im Osten ans Meer, im Westen liegt der Peenestrom, wo der Ort auch seinen Hafen hat.

Die Geschichte von Karlshagen ist recht unspektakulär. Der Ort wurde 1829 als Fischerdorf gegründet. Bereits 1885 baute man eine Seebrücke, die aber nicht mehr existiert. Mit dem Bau der Heeresversuchsanstalt verlor Karlshagen seine Bedeutung im Bädertourismus, und der Fischerhafen am Peenestrom entwickelte sich zum Militärhafen. Heute befindet sich hier ein Seglerhafen mit einer Fischräucherei, die erstklassigen Räucherfisch anbietet.

Der Ortsteil in Richtung See und Strand sprudelt im Sommer vor Lebendigkeit und vermittelt reines Urlaubsflair. Neben den Bademöglichkeiten besitzt Karlshagen einen wunderbar gelegenen Campingplatz direkt in den Dünen, ein Naturschutzzentrum und vieles mehr.

Trassenheide ist ein kleines Seebad südlich von Karlshagen. Der Ort liegt ebenfalls direkt an der Ostsee und kann mit einem barrierefreien, vier Kilometer langen feinsandigen Sandstrand punkten. Wie auch in Karlshagen sind die Strände überaus kinderfreundlich.

Das Trassenmoor grenzt westlich an Trassenheide und ist einen Abstecher wert, wenn man sich für Flora und Fauna interessiert oder einfach nur Ruhe braucht. Für Urlauber, die Erholung bei ausgedehnten Radtouren oder Spaziergängen suchen, ist das Moor eine denkbar gute Alternative.

Bekannt geworden ist Trassenheide allerdings vor allem wegen des großen Freizeitcenters. Hier befinden sich zahlreiche außergewöhnliche Attraktionen, die man bei einem Usedombesuch nicht versäumen sollte. Gleich hinter dem Eingang des Freizeitcenters auf der linken Seite liegt die Schmetterlingsfarm, rechts das Piraten-Minigolf-Land. Im hinteren Teil findet man das Haus »Die Welt steht Kopf«. Das sind aber nur einige der Attraktionen, die sich in der Freizeitanlage befinden.

Weiter Infos unter:
Touristinformation Karlshagen/Haus des Gastes
Hauptstraße 4
17449 Karlshagen
Tel: 038371/55490
E-Mail: touristinformation@karlshagen.de
www.karlshagen.de

Kurverwaltung Trassenheide
Strandstraße 36
17449 Trassenheide
Tel:038371/20928
E-Mail: kontakt@trassenheide.de
www.trassenheide.de

DIE RALLYE

»Guten Tag, Sie haben gewonnen!«, quäkte eine Stimme Knut aus dem Telefonhörer an. Er glaubte erst nicht an sein Glück. Er und gewinnen? Niemals! Doch die Stimme quäkte weiter. Es ging um 50.000 Euro, denn ausgerechnet er sei auserwählt, diese Rallye zu bestreiten. Offenbar hatte *er* dieses eine Mal das große Los gezogen.

»Ich habe tatsächlich gewonnen?«, hakte Knut noch einmal nach.

»Aber ja. Sie sind aus vielen anderen auserwählt worden, die Rallye zu machen. Wenn Sie alle Fragen richtig beantwortet haben, überweisen wir Ihnen die 50.000 Euro.«

Knuts Herz schlug schneller. In ihm keimte Freude auf. Das klang so leicht, so einfach. Der Preis war von den Tourismusverbänden Karlshagen und Trassenheide ausgeschrieben worden. Es würde ihn zwar einen oder auch zwei Urlaubstage kosten, die er seiner Firma abtrotzen musste, aber es würde ihm ohne Schwierigkeiten gelingen, die Rallye zu bewältigen. Er war schließlich ein Fuchs. Außerdem lebte Knut schon seit drei Jahren auf Usedom, da sollte es ihm leichtfallen, die paar Fragen zu beantworten und was sonst während der Rallye verlangt wurde.

»Bis wann muss ich die Aufgaben bewältigt haben?«

»Bis morgen Abend, 18 Uhr. Mehr Zeit bleibt Ihnen nicht, sonst wäre es für das hohe Preisgeld ja ein bisschen einfach.«

Knut biss sich auf die Zunge und überlegte. Es galt also, nur einen Urlaubstag zu nehmen. Allerdings war es nötig, seine Präsentation zu verschieben. Das bekam er hin, immerhin war er danach reich, und eigentlich konnte ihn die Firma ohnehin kreuzweise. Schwieriger war es da mit Maike. Seiner Maike. Sie hatte sich extra für ihn freigenommen und wollte morgen eigens von Greifswald nach Usedom kommen. Dass das nun nichts wurde, war ein immenses Problem, aber sicher würde sie verstehen, wie wichtig diese Rallye war. Von den 50.000 Euro profitierte sie schließlich auch. Knut könnte einen Kredit aufnehmen und endlich das lang ersehnte gemeinsame Haus kaufen.

»Was ist denn jetzt, Herr Marks?«, riss ihn die Stimme aus dem Telefonhörer aus seinen Gedanken. »Können wir mit Ihrer Teilnahme rechnen oder sollen wir den Stab weiterreichen?«

Knut überlegte nicht mehr lange. »Klar, ich mache mit und bin morgen dabei.« Wenn er damit durch war, konnte ihn seine eigene Firma mal. 50.000 Euro. Was für eine hübsche Summe. Anstelle des Kredits könnte er es auch als Startkapital für seine eigene Firma nehmen. Oder einfach die Traumreise zu den Seychellen unternehmen. Er hatte viele Wünsche. Vermutlich wäre es gut, einen Weg zu finden, wie man die Summe verdoppeln oder gar verdreifachen konnte, damit er sich *alle* seine Träume erfüllen konnte.

Knut starrte noch lange auf den Hörer, konnte sein Glück kaum fassen. Ab übermorgen war er reich. 50.000 Euro, hämmerte es durch seinen Kopf. 50.000 Euro! Was für ein Betrag. Er wäre alle Sorgen los. Na gut, nicht alle, aber einen großen Teil.

Mit Genugtuung sagte Knut die Präsentation in der Firma ab und stellte in Aussicht, sie vielleicht in der nächsten Woche zu machen. Sein Boss war sehr verschnupft, das kratzte Knut aber überhaupt nicht. Mit den 50.000 Tacken im Rücken konnte der ihn mal kreuzweise.

Die Sache mit Maike gestaltete sich schwieriger. Ihr fehlte das Verständnis für die Aktion völlig, und sie tat das Ganze als windige Sache ab. »Du versetzt mich wegen einer Rallye? Das ist nicht dein Ernst!«

»Doch, Süße. Ich werde 50.000 Euro gewinnen, das lass dir mal auf der Zunge zergehen. Ich sag es noch einmal ganz langsam: 50.000 Euro! Genial. Unser Treffen verschieben wir halt.«

»Ich kann vier Wochen lang nicht kommen, Knut. Du weißt, dass ich beruflich nach Wien reise. Im Gegensatz zu dir laufe ich keinen Hirngespinsten hinterher, sondern arbeite hart für mein Geld. Ich habe keine Lust, meinen Job zu verlieren. Wenn du morgen absagst, werden wir uns erst im nächsten Monat wiedersehen. Du musst ja wissen, wo du deine Prioritäten hast.«

Knut wusste das alles, aber er setzte seine zuckersüßeste Stimme ein. »Das ist ja nicht nur eine einfache Rallye, Maike, meine Gute. Danach habe ich sehr viel Geld, und wir können uns alle Wünsche auf der Welt erfüllen.«

»Vergiss es, Knut. Das sind doch nur Hirngespinste, von denen du erzählst. Wer weiß, welch windiger Idee du da aufsitzt. Komm mal wieder runter! Normalerweise bist du sonst auch nicht so leichtgläubig.«

»Das hat mit Leichtgläubigkeit überhaupt nichts zu tun! Ich bin kurz davor, den Deal meines Lebens zu machen, und du machst es schlecht.«

Maike warf Knut noch so einige Dinge an den Kopf.

Es endete damit, dass sie mitten in seiner Argumentation einfach den Hörer aufknallte.

Na, die beruhigt sich schon wieder, dachte Knut. Wenn ich erst ein reicher Mann bin. Da wird sie angekrochen kommen wie ein winselnder Hund.

Er freute sich darauf, morgen die Post im Kasten zu haben, die ihm genaue Instruktionen in sein Häuschen, das in der Nähe der Karlshagener Kirche 32 lag, liefern würde.

Kaum klapperte am nächsten Morgen der rostige Briefkasten, stürmte Knut noch im Schlafanzug hinaus und fand tatsächlich das Kuvert vor. Er war gespannt, welche Aufgaben er in den nächsten beiden Tagen zu bewältigen hatte. Schon als Kind war er ein großer Fan jeglicher Rallyes gewesen. Bei seinen Geburtstagspartys hatte er stets darauf bestanden, dass eine solche abgehalten wurde.

Merkwürdigerweise klebte keine Briefmarke auf dem Umschlag. Sie hatten die Post tatsächlich persönlich vorbeigebracht. Die Rallye musste ihnen sehr wichtig sein.

Knut würde also einen Tag in Karlshagen und Trassenheide verbringen. Da hatte er volles Programm und wollte gleich starten. Den Vormittag verbrachte er damit, die Fragen zu studieren und sich einen Routenplan zurechtzulegen. »Ich werde die Strecke mit einem Mittagssnack im ›Veermaster‹ 33 am Yachthafen 34 beginnen.«

Weil die Sonne schien, entschied Knut kurzfristig, das Rad zu nehmen, das eignete sich ohnehin besser zu einer Rallye, weil er nicht ständig aus dem Auto springen musste. Und für seinen Speckgürtel, der sich immer stärker am Bauch bemerkbar machte, war es ebenfalls gesünder. Am Hafen herrschte dichtes Gedränge, sodass er tatsächlich nach einer Abstellmöglichkeit für sein Rad suchen musste. Der Grund war schnell gefunden: Ein Ausflugsschiff 35 zu Insel Ruden machte sich gerade zur Abfahrt bereit.

Am Yachthafen war wieder viel los. Die Leute kauften in der Fischräucherei Fisch, andere genossen ihren Cappuccino auf der Terrasse vom »Veermaster«. Eine Gruppe Radler tat eben lautstark kund, wie schön der Fahrradweg 36 von Peenemünde nach Karlshagen entlang der Ostsee gewesen war. »Allein die kleinen reetgedeckten Häuschen, herzallerliebst. Und wir mussten danach nur noch einmal quer durch den Ort, und schon sind wir hier!«

»Und das Blau der Ostsee! Einzigartig.«

Nur eine miesepetrig dreinblickende Frau schüttelte bedauernd den Kopf. »Ich fand es entsetzlich, an einem ehemaligen KZ 37 vorbeizufahren. Ich habe Urlaub! Und dann dieses Peenemünde. Was hat ein solcher Ort mit Entspannung zu tun? Nur Krieg und Industrie …«

Knut wollte sich das Gejammer nicht mehr länger anhören. Er würde die Rallye bestreiten und am Ende gewinnen. Deshalb genoss er den Snack und studierte dabei erneut seine Aufgaben. Es war lachhaft, was da von ihm verlangt wurde. Das würde er locker an einem Nachmittag bewältigen können. Nachdem er sich zum Abschluss noch ein Glas Sekt gegönnt hatte, fragte Knut nach der Rechnung und hinterließ ein immens hohes Trinkgeld.

Ich kann es mir von jetzt ab ja leisten, ein bisschen großzügiger zu sein, dachte er. Es war ein erhabenes Gefühl.

Die erste Aufgabe hatte er am Strand 38 von Karlshagen zu erfüllen. Er sollte aufschreiben, welche große

Insel man von dort bei guter Sicht erkennen konnte. Na, dazu musste er nicht hinfahren. Das war Rügen. Aufgabe erfüllt, was stand als Nächstes auf dem Plan?

Das Naturschutzzentrum 39 . Hier wurde er gefragt, was das zuvor für ein Haus gewesen war. NVA, kritzelte er auf seinen Zettel. Das war ja babyleicht. Dafür bekam man 50.000 Euro? In Knut regte sich ein leiser Zweifel, ob die Aktion nicht doch eine Finte war. Nein, er hatte den Brief mit den Anmerkungen und den dazugehörigen Flyer in seinem Briefkasten gehabt! Knut wischte die kurze Unruhe beiseite. Es war alles korrekt. Die nächste Frage beschäftigte sich mit dem Ehrenmal, das war etwas schwieriger, aber bestimmt nicht unlösbar. Wahrscheinlich dienten die ersten Fragen nur dazu, sich warmzulaufen.

Das Ehrenmal 40 befand sich am Ortsausgang von Karlshagen. Was stand dort auf dem Fragebogen? Eine wirklich makabre Aufgabe: *Wie viele Tote fand man in dem Massengrab bei Peenemünde, die man dann hierher umbettete?* 56, schrieb er in seinen Block. Das war schließlich auf der Schautafel abzulesen. Auf der Rückseite der Anweisung stand noch etwas: Wenden Sie sich nach links. Rechts stehen Kreuze. Wie viele sind es?

Drei, schrieb Knut. Verdammt, das war doch alles ein wenig eigenartig. Er überlegte, in Trassenheide bei der Touristinfo vorbeizufahren und nachzufragen, warum die Fragen so einfach waren, dass selbst Grundschüler sie ohne Schwierigkeiten hätten lösen können. Aber dann verwarf er den Gedanken wieder, weil er doch erst die nächsten Fragen beantworten wollte. Es war, als hätte ihn ein Fieber gepackt.

Knut radelte weiter. Der Wind war aufgefrischt und wehte ihm nun direkt von vorne ins Gesicht. Mit jedem weiteren Tritt in die Pedale vergrößerten sich seine Zweifel, ob all das richtig war. 50.000 Euro waren verdammt viel Geld für eine derartige Pillepalle-Aktion. Niemals zahlten Touristikverbände solch hohe Summen für eine Kinderrallye. Ob Maike doch recht hatte und hier etwas gewaltig stank?

»Ich bin ein Idiot«, rutschte es ihm heraus. »Natürlich irrt Maike nicht. Sie irrt nie!«

Knut war so in seine Gedanken versunken, dass er Trassenheide durchquerte, ohne dem Ort einen Blick zu schenken. Erst als er im »Vergnügungsviertel«, wie er den außergewöhnlichen Freizeitteil stets nannte, ankam, und die Minigolfanlage »Piraten der Ostsee« [41] passierte, wurde er gewahr, wie weit er bereits gefahren war. Am Kopfüberhaus »Die Welt steht Kopf« [42] hatte sich eine lange Schlange gebildet. Es gab wohl kaum einen Usedom-Urlauber, der sich diese Sensation entgehen lassen wollte.

Knut kramte in seiner Hosentasche und zerrte den Brief heraus. Er war schon reichlich zerknittert. Er war umsonst hierher geradelt, denn es gab an diesem Ort keine Aufgabe zu lösen. Der nächste Punkt der Rallye befand sich im Trassenmoor [43]. In irgendeiner Laubenhütte am Radweg.

»Das ist doch Verarschung«, grummelte er und raste nach Trassenheide, wo er sofort die Touristinformation in der Strandstraße ansteuerte, um sich Gewissheit zu verschaffen, dass hier alles mit rechten Dingen zuging. Sein Eifer war in der letzten halben Stunde merklich abgekühlt.

Die Frau hinterm Tresen schaute ihn freundlich an. »Was kann ich für Sie tun, junger Mann? Haben Sie einen schönen Urlaub?«

Knut antwortete ihr gar nicht, sondern stieß gleich aus: »Ich bin der Gewinner.«

»Welcher Gewinner?« Die Dame sah ihn noch immer mit ihrem unverbindlichen Lächeln an, schien aber wirklich nicht zu wissen, was er ihr sagen wollte.

»Na der mit der Rallye. Der, der die Rallye gewonnen hat.«

»Sie reden von der Rallye durch Karlshagen und Trassenheide? Verstehe ich das richtig? Die wir ganz neu ins Leben gerufen haben?«

»Ja, genau die.« In Knut keimte Hoffnung, endlich verstand die Frau, wovon er sprach. Nun würde sich gleich aufklären, was Sache war. Bestimmt war er nur zu misstrauisch, weil er ständig davon ausging, dass ausgerechnet bei ihm immer alles schief lief. So, wie er es von Kindesbeinen an gewohnt war. Knuti, der Loser!

Seine Hoffnung, dieses Mal auf der richtigen Spur zu sein, wurde auch binnen der nächsten Sekunden abrupt zunichtegemacht. Die Frau rückte ihre Brille zurecht und streckte ihm ihre Hand auffordernd entgegen. »Nun, dann geben Sie bitte Ihre Lösungen ab, ich schau, ob Sie tatsächlich etwas gewonnen haben. Das entscheiden ja immer noch wir, nicht wahr?« Ihr Lächeln veränderte sich bei den Worten nicht. »Wenn Ihre Antworten stimmen, bekommen Sie Ihre fünf Euro Nachlass auf alle Attraktionen in der Gemeinde.«

Knut schluckte. »Fünf Euro Nachlass auf alle Attraktionen in der Gemeinde«, wiederholte er stumpf und schaute zu, wie die Frau seine Eintragungen überflog.

»Ihnen fehlen aber noch Lösungsaufgaben, das müssen Sie erst erledigen, sonst kann ich Ihnen den Rabatt leider nicht gewähren. Da herrscht hier gleiches Recht für alle.

Ich denke, dass Sie dafür Verständnis haben. Wir sind verpflichtet, unsere Spielregeln einzuhalten.« Die Frau schob Knut den Zettel zurück. »Als Nächstes müssen Sie ein Stück ins Trassenmoor.«

»Ich weiß, bis zum Laubengang.«

»Laubengang?«, wiederholte die Frau gedehnt. »Aber nein. Wo soll denn der sein? Sie sollen zum Gut Mölschow. Ist nicht so weit, und bei dem wunderbaren Wetter macht eine Radtour dorthin viel Freude. So mitten durch die Natur.« Sie blickte ihn an. »Ist noch etwas?«

»50.000 Euro«, stammelte Knut. »Nicht fünf Euro. Was ist falsch …« Was war er für ein Idiot? Er kramte in seiner Hosentasche und reichte der Dame den Flyer, der dem Brief mit den Anweisungen beigelegen hatte, nachdem er sich zuvor vergewissert hatte, dass dort tatsächlich die angegebene Summe stand.

Die Frau begann zu kichern. »Welcher Scherzbold war das denn? Anmelden zu einer 50.000 Euro Rallye. Ja, das wäre es gewesen! Da könnten wir uns vor Anfragen wohl kaum retten.« Sie bekam ihre Heiterkeit kaum unter Kontrolle. »Ist aber eine gute Fälschung. Vielleicht ein Scherz bei ›Verstehen Sie Spaß‹?«

Knut riss ihr den Prospekt aus der Hand. Da war er wirklich einer bösen Täuschung aufgesessen. Wie peinlich war das denn? Knut wählte Maikes Nummer, doch er wurde weggedrückt. Seine Freundin würde nun vier Wochen nach Wien abrauschen, und er hatte sie für einen Gag versetzt. Wer auch immer sich diesen »Spaß« mit ihm erlaubt hatte. Das würde sie ihm wohl nie verzeihen. Mal abgesehen von dem Ärger auf der Arbeit wegen der abgesagten Präsentation.

»Trotzdem danke«, quetschte er zwischen den zusammengebissenen Zähnen hervor. Knut schob sich aus der Info und stand zunächst ratlos vor dem Fahrrad. »Egal, ich fahre jetzt zu dieser Laube«, sagte Knut zu sich. »Ich muss wissen, wer mich so verarscht hat! Vielleicht wartet derjenige ja dort auf mich, wo dieser Punkt ja offenbar kein Teil der offiziellen Rallye ist.« Er trat derart heftig in die Pedale, dass er alle anderen Radler lässig überholte. Er durchquerte Mölschow, nun war ihm die Aufgabe der Rallye ziemlich gleichgültig. Irgendwann musste er an der Laube vorbeikommen.

Kurz vor einem Wäldchen erreichte er sie dann auch. Gemütlich hergerichtet lag sie rechter Hand am Weg. Knut stoppte und ging hinein. Sie wirkte wie ein Refugium für Verliebte oder wer immer sich das hier hatte einfallen lassen. Einzig der weiße Plastikstuhl in der Ecke störte das romantische Gesamtbild. Unter dem linken Vorderfuß klemmte ein eingeschweißter Zettel. Mit zusammengekniffenen Lippen zupfte Knut ihn darunter hervor.

Hi, Friend. Reingefallen! Hätte nie geglaubt, dass du so blöd bist. War ein Heidenspaß, den Flyer zu fälschen, eine neue Rallye zu erfinden und dir unterzujubeln. Geil, einfach geil. Erinnerst du dich an mich? Der coole Bernie.

Und wie Knut sich an den »coolen Bernie« erinnerte, der sich allerdings selbst immer am witzigsten fand. Der, der am lautesten über seine eigenen Späße lachte. Der, der sich selbst für alles zu schade war, aber keine Skrupel kannte, andere in die Pfanne zu hauen.

Knut knüllte den Zettel zusammen. In der Schule hatte der coole Bernie ihn mal so verarscht, dass er sogar in die Schülerzeitung als »Depp der Woche« aufgenommen worden war. Eine Rubrik, die Bernie ins Leben gerufen hatte. Er hatte ihm damals eine Falle gestellt. Knut war zu der Zeit in Anni verliebt gewesen. Plötzlich hatte es geklingelt und vor seiner Tür lag ein Zettel.

Ich warte draußen auf dich. Ich liebe dich auch schon so lange, Anni.

Knut war hinausgestürmt, in der freudigen Erwartung, das Mädchen seiner Träume endlich in die Arme schließen zu können. Gewartet hatten dort aber nur der coole Bernie und drei seiner Kumpels, die den sehnsüchtigen Ruf Knuts mit der Super8-Kamera aufnahmen. Der Film wurde dann in der Pause in der Aula abgespielt, und Anni hatte seitdem natürlich erst recht keinen Blick mehr für Knut gehabt.

In einer Zeit, als es das Wort Mobbing noch nicht gab, konnten Kinder einfach so an den Pranger gestellt werden, weil sich kein Elternteil der Welt darüber aufregte.

»Hättest ja achtgeben können, ihm nicht auf den Leim zu gehen«, hatte Knuts Vater lapidar festgestellt. Da war es aber bereits zu spät gewesen, und Knut hatte seinen Ruf als Idiot, mit dem man es ja machen konnte, weg.

Bernie hatte seinen Feldzug gegen Knut, oder besser Knuti, wie er ihn stets nannte, fortgesetzt. 30 Jahre war das nun her, und nie hätte Knut erwartet, dass er Bernie noch einmal begegnen würde. Und schon gar nicht auf dieselbe Art und Weise. Als Opfer seiner derben Späße. Wie und warum nur hatte Bernie ihn ausfindig gemacht?

Knuts Herz schlug bis zum Hals. Er bekam kaum Luft, war wie in Watte gepackt. Eine Gruppe Radler strampelte an ihm vorbei. »Na, doch zu schnell gewesen? Ist jetzt eine Pause fällig?«, lachten sie.

Knut ballte die Hand zur Faust. Alle Welt lachte schon wieder über ihn. Die Frau in der Touristinfo, die Radler. Die Firma würde sich totlachen, wenn sie erfuhr, was er heute getan und wofür er den wichtigen Vortrag verschoben hatte. Maike würde sich kringeln und noch wütender werden, weil wegen so einem Mist ihr Treffen geplatzt war. Und am lautesten würde Bernie lachen. Der Mann, der sicher längst dafür gesorgt hatte, dass bei Knuts Ankunft in Karlshagen bereits *alle* von seinem Reinfall wussten.

Verdammt, er hätte von Beginn an daran denken müssen, dass es Menschen wie Bernie gab, und dass das alles nicht mit rechten Dingen zugehen konnte. Er war wie ein blödes Schaf in sein Unglück gestolpert.

Dieses Mal würde er es Bernie nicht so leicht machen. Dieses Mal würde er sich wehren, denn er wollte nicht wieder der Loser sein. Die Rolle hatte er längst abgelegt, nur wusste der coole Bernie das nicht. Jetzt würde er ihn kennenlernen. Mit diesen Rachegedanken im Kopf strampelte Knut weiter in Richtung Karlshagen. Er ließ den Yachthafen links liegen. Bernie wusste bestimmt längst, wo Knut wohnte, und er würde wie eine Spinne im Netz auf ihn warten.

Knuts Haus lag einsam an der Hauptstraße, es wirkte nicht so, als ob sich jemand dort aufhielt. Als er an der weißen Kirche vorbei fuhr, schauten sich im Garten lediglich zwei Urlauber um. Von Bernie keine Spur. Knut umrundete sein Haus, ständig darauf wartend, dass sein Widersacher hinter einem Busch auftauchte und sich und seinen Scherz mit Knut feierte. Aber nichts geschah.

In Knut brodelte es heftig. Bernie konnte von Glück sagen, dass er ihm jetzt nicht über den Weg lief. In seiner Wut bemerkte Knut das Ehepaar nicht, das vorhin im Garten der Kirche herumspaziert war und nun vor seinem Haus stand. Sie fragten ihn etwas, doch er reagierte nicht. »Können Sie uns bitte weiterhelfen?«

Knut erwachte aus seiner Starre. »Ja, wobei?« Seine Stimme klang harscher als beabsichtigt, sodass die Frau einen ängstlichen Blick zu ihrem Mann warf. Der strich ihr beruhigend über den Arm. »Wir wollten nur wissen, wie weit es bis zum Campingplatz 44 ist.«

»Kommt drauf an, wie schnell Sie laufen«, antwortete Knut. Nicht, dass die beiden auch noch mit Bernie zusammenarbeiteten und er dem nächsten »Spaß« aufsaß. Noch während sie davoneilten, hörte Knut, wie die Frau sich über seine Unfreundlichkeit aufregte, nur war ihm das in diesem Augenblick egal.

Als Knut am Tag darauf die Zeitung aufschlug, sprang ihm genau die Schlagzeile entgegen, die er befürchtet hatte.

Einem Scherz aufgesessen
Knut K. aus Karlshagen ist einem ulkigen Scherz aufgesessen. Er folgte einer fingierten Einladung zu einer Usedom-Rallye, die ihm nach erfolgreicher Teilnahme 50.000 Euro einbringen sollte. Leider handelte es sich dabei um einen Scherz, denn die vom Touristikverband ausgeschriebene Tour bringt nur einen 5-Euro-Nachlass auf alle örtlichen Attraktionen ein. Da muss unser Teilnehmer wohl noch an ein paar mehr Rallyes teilnehmen. Der vermeintliche Gewinner war zu keiner Stellungnahme bereit.

Knut wurde der Hals trocken. Es klingelte, und er stürzte zur Tür. Die Presse hatte ihn gestern mehrfach angerufen, aber er wollte mit niemandem reden. Nicht, dass jetzt so ein Journalistenfuzzi vor der Tür stand. Aber vor ihm stand Maike. Sie hatte Tränen in den Augen und einen Koffer in der Hand.

»Maike«, stieß Knut aus und wollte sie in den Arm nehmen, als ihm auffiel, dass sie nicht weinte, sondern lachte. Ihr ganzer Körper bebte, sie bekam sich gar nicht mehr ein. »Da hatte Bernie tatsächlich recht. Dich kann man total gut verarschen! Ich wollte es echt nicht glauben. Absolut nicht!«

»Du?«, stieß Knut aus. »Du steckst mit diesem Dreckskerl unter einer Decke?«

Maike umklammerte seinen Arm. »Ach komm, Knut. Du warst in letzter Zeit so verbissen, ich dachte, ein kleiner Spaß macht dich lockerer!«

»Nicht mit Bernie. Nicht mit dem coolen Bernie.«

»Hey, das ist ein voll lustiger Typ. Wir hatten wirklich Spaß, als wir uns das ausgedacht haben!«

In Knut brodelte es. »So, ihr hattet also richtig Spaß!«

»Ja, Knuti!«

»Knuti? Ich bin nicht euer blöder Knuti!« Mit einem Mal sah Knut rot. Maike und Bernie. Seine Maike hatte ihren Spaß daran, ihn hochzunehmen! Er griff hinter sich, bekam irgendetwas zu fassen, holte aus und ließ es auf Maikes Kopf knallen. Es war die Tischlampe mit dem schweren Metallfuß.

Maike sackte vor seinen Augen zusammen und zwinkerte ungläubig mit den Augen.

»Was habe ich getan?«, stieß er aus, als er realisierte, was passiert war. Er beugte sich über seine Freundin. Aus ihrer Schläfe und dem rechten Mundwinkel tropfte Blut. Sie hob die Hand und berührte Knuts Wange. »Ich wollte doch nur mal mit dir lachen. Einfach herzhaft lachen.« Ihre Stimme brach, aber dann fing sie sich wieder, wenngleich sie merklich leiser und stockender weitersprach. »Du bist oft so in dich ... gekehrt. Da hatte Bernie diese Idee ... Er sagte, du kannst lach...« Maikes Kopf sackte zur Seite, ihre Atemzüge wurden flacher und sie verdrehte die Augen.

Knut sah auf, weil er hinter sich Schritte hörte. Das Ehepaar aus dem Kirchgarten näherte sich der Haustür. Die Frau begann zu kreischen. »Der war schon gestern so merkwürdig. Ich hatte die ganze Zeit ein komisches Gefühl!« Sie wurde weiß, griff nach dem Arm ihres Mannes und sackte in sich zusammen.

Kurz darauf ertönte ein Martinshorn. Als die Polizisten Knut abführten, stand Bernie breit grinsend auf dem Gehweg. Maikes Tod schien ihn nicht sonderlich zu berühren. »Ach Knuti. Du lässt dich auch immer auf den Arm nehmen. Dass du aber deinen Humor verloren hast, konnte ich schließlich nicht ahnen. Bedauerlich, wirklich bedauerlich.«

Anmerkung: Diese Rallye gibt es in Karlshagen/Trassenheide nicht, und diese Idee entspringt vollständig meiner Fantasie.

FREIZEITTIPPS

32 Kirche Karlshagen
In Karlshagen steht mitten im Ort eine kleine weiße Kirche mit braunen Sprossenfenstern. Diese Kirche wurde 1912 eingeweiht. Im Jahr 1943 brannte das Gotteshaus bei einem Bombenangriff und der Glockenturm stürzte ein. Mit Spenden wurde die Kirche 1953 wieder hergerichtet, der Turm in anderer Bauform neu gestaltet. Das Innere der Kirche wirkt durch die großen Fenster sehr hell und es ist äußerst schlicht gehalten.

33 Veermaster
Direkt an der Marina in Karlshagen liegt das Restaurant »Veermaster«. Von der Terrasse aus hat man einen wunderbaren Blick über den Seglerhafen. Das Innere des Restaurants besticht durch maritimes Flair. Die Sitzgruppen und Trennwände sind in Schiffsoptik gebaut, überall finden sich Accessoires, die das Schiffsambiente unterstreichen. Das Essen ist grandios. Über Fisch, Fleisch und köstliche Salate ist alles auf der Karte zu finden. Lassen Sie sich im »Veermaster« verwöhnen.
Mehr unter:
Restaurant Veermaster
Am Hafen 2
17449 Karlshagen
Tel: 038371/21012

34 **Yachthafen**

Der Yachthafen liegt im westlichen Teil von Karlshagen und war einst ein Kriegshafen. Davon ist aber nichts mehr zu spüren. Schmucke Segelyachten reihen sich aneinander, bis zu 112 Boote finden hier Platz. Rund um den Yachthafen sind ansprechende Ferienappartements entstanden, das Restaurant »Veermaster« und eine Fischräucherei, deren Besuch sich lohnt.

35 **Ausflugsschifffahrten**

Von Karlshagen aus kann man mit Ausflugsschiffen sowohl nach Wolgast als auch zur Insel Ruden fahren. Wolgast habe ich ja bereits vorgestellt, die Insel Ruden ist eine alte Lotsen- und Zollstation. Dort leben zurzeit zwei Bewohner. Sie hat einen Hafen, der von den Schiffen angelaufen wird. Möglich ist auch ein Ausflug mit dem Traditionssegler »Weiße Düne« als Abend- oder Tagestour. Sie können Usedom so von der Wasserseite erleben und es sich dabei gemütlich machen. Im Preis inbegriffen sind Begrüßungssekt, Essen (Mittag- oder Abendessen) Häppchen oder Kaffee und Kuchen. Eine Seereise, die sich lohnt. Buchungen für beide Touren können über die Touristinformation Karlshagen vorgenommen werden.

36 **Radweg nach Peenemünde**

Von Karlshagen aus führt eine wunderbare Radstrecke nach Peenemünde. Die Tour geht ein ganzes Stück an der Ostsee entlang, vorbei an hübschen reetgedeckten Häuschen. Immer wieder bietet sich die Möglichkeit, über eine Strandzuwegung zum Wasser zu gelangen und zu verweilen. Später zweigt man ab und durchquert ein Waldgebiet, was zu Teilen noch heute Sperrgebiet ist.

37 Konzentrationslager

Leider befand sich während der NS-Zeit zwischen Karlshagen und Peenemünde auch ein Konzentrationslager. Es existierte von 1943 bis 1945 und bestand aus fünf Baracken, die durch Wachtürme gesichert waren. Die Häftlinge arbeiteten in erster Linie in der Luftwaffenerprobungsstelle. Wegen der erschwerten Lebensbedingungen, vor allem aber wegen Hunger und Kälte, kamen mindestens 260 Häftlinge ums Leben. Im Februar 1945 begann man, das Lager aufzulösen. Es gab zwei weitere Gefangenenlager im Trassenheider Moor und im südlichen Karlshagen.

38 Strand mit Rügenblick

Der Karlshagener Strand besticht nicht nur wegen seiner Weitläufigkeit und Ursprünglichkeit. Er bietet bei guter Sicht auch einen einzigartigen Blick auf die Insel Rügen und das Naturschutzgebiet mit der Greifswalder Oie. Wer einen Naturstrand sucht, hat mit Karlshagen genau das Richtige gefunden. Hier vereinen sich unbeschwertes Urlaubsfeeling und zahlreiche Ausflugsmöglichkeiten.

39 Naturschutzzentrum

Das Naturschutzzentrum ist im ehemaligen Ferienhaus der NVA untergebracht und liegt direkt an der

Strandpromenade. Der Besucher erfährt eine Menge über die Usedomer Vogelwelt. Die Rubrik »Strandgut« beinhaltet auch Informationen über Bernstein und Muscheln. Außerdem werden die Besucher über die Naturschutzgebiete und Moorgebiete der Insel Usedom informiert. Ein Zwischenstopp hier lohnt nicht nur für Vogelfreunde.
Mehr Infos:
Naturschutzzentrum Usedom Karlshagen
Dünenstraße
17449 Karlshagen
Tel: 038371/21750
www.naturschutzzentrum-karlshagen.de

40 Ehrenmal

Fährt man aus Trassenheide Richtung Karlshagen, kommt man unweigerlich kurz vor dem Ortseingang am Ehrenmal vorbei. Es wurde 8. Mai 1970 als Gedenkstätte für die Zwangsarbeiter und Opfer des Nationalsozialismus eingeweiht.

Nachdem man in Peenemünde in den 60er-Jahren ein Massengrab entdeckte, bettete man die Toten (es handelte sich um KZ-Häftlinge) nach Karlshagen um. Der Maler Klaus Rößler schuf das Ehrenmal, das sich an der Stirnseite des großen Platzes befindet. Während der DDR-Zeiten fanden hier regelmäßig Kranzniederlegungen statt. Nach der Wende verkleinerte man den Platz und errichtete eine Tafel mit den Namen der im Zweiten Weltkrieg getöteten Menschen. In unmittelbarer Nähe befindet sich der Friedhof von Karlshagen.

41 Abenteuer Miniaturgolf Piraten der Ostsee

Dieser Teil des »Vergnügungsviertels« in Trassenheide ist nicht nur für Kinder amüsant. Die 18 Minigolfbahnen sind einem Piratenerlebnis nachempfunden. Man spielt wie in einer Seeschlacht oder in einem Piratenschiff. Grandios. Bei Regenwetter wird die Anlage geschützt, es gibt also keinen Grund, es bei schlechtem Wetter nicht auszuprobieren.
Mehr Infos:
Piraten der Ostsee
Wiesenweg 1
17440 Trassenheide
Tel: 0177/3192680
E-Mail: post@piraten-der-ostsee.de
www.piraten-der-ostsee.de

42 Die Welt steht Kopf – Das Kopfüberhaus

Ein besonderes Erlebnis in Trassenheide ist das sogenannte »Kopfüberhaus«. Es fällt schon von Weitem auf, denn ein Haus, das auf dem Kopf steht, sieht man nicht überall. Schon beim Betreten mutet es seltsam an, dass eben alles verkehrt herum ist. Wenn man sich an das besondere Ambiente gewöhnt hat, macht es einfach nur noch Spaß, durch die Räume zu stromern und lustige Fotos zu machen. Bei einigen Bildern sieht es aus, als fliege man, wieder andere erwecken den Eindruck, man sei so stark wie Pippi Langstrumpf oder man stecke kopfüber im Klo. Der Fantasie sind keine Grenzen gesetzt.
Mehr Infos:
Die Welt steht Kopf
Wiesenweg 2c

17440 Trassenheide
Tel: 038371/26344
www.weltstehtkopf.de

43 Trassenmoor

Das Trassenmoor grenzt westlich an Trassenheide und bietet sich für eine geruhsame Fahrradtour oder eine Wanderung an. Schmale, wenig befahrene Straßen machen die Strecke durch die Wiesen zu einem besonderen Erlebnis. Passiert werden kleine verschlafene Ortschaften und nicht zu vergessen: das Moor. Unterwegs bietet es sich an, auf dem »Kulturhof« in Mölschow eine Rast einzulegen. Hierbei handelt es sich um eine alte Gutshofanlage mit einem interessanten Bauerngarten. Im Haupthaus ist eine Ausstellung zur regionalen Geschichte eingerichtet. Im Garten erhält der Besucher einen Einblick ins Bauernleben mit alten Gerätschaften und Hausrat. Danach lohnt eine Einkehr im Bistro.
Die Strecke durchs Trassenmoor ist teilweise von Kopfweiden umsäumt, besonders fein sind die lauschigen Laubenwinkel mit einer Bank.

44 Campingplatz Dünencamp

Direkt am Strand und teilweise in den Dünen gelegen ist der Campingplatz Dünencamp in Karlshagen. Der 5-Sterne-Platz liegt inmitten eines Kiefernwaldes, und der Strand ist direkt durch ein Tor zu erreichen. Die Sanitäranlagen bieten ausgezeichneten Komfort, sogar Babybadewannen stehen zur Verfügung. Für die Beschäftigung des Nachwuchses ist gesorgt. Die Campinganlage bietet nicht nur

einen Spielplatz, sondern auch ein Spielzimmer mit Büchercamp, Kinderanimation und vieles mehr.
Mehr Infos:
Dünencamp
Zeltplatzstraße 11
17449 Karlshagen
Tel: 038371/20291
E-Mail: camping@karlshagen.de
www.duenencamp.de

4. ZINNOWITZ

Zinnowitz gehört zu den ältesten Orten auf Usedom. Erstmals Erwähnung fand er im Jahr 1309 unter dem slawischen Namen Tzys, was später zu Zinnowitz wurde.

1854 wurde Zinnowitz die Genehmigung zum »Badekonsens« erteilt, seitdem war die Entwicklung nicht mehr aufzuhalten. Gab es zunächst, wie damals üblich, getrennte Badebereiche für Männer und Frauen, wurde das im Jahr 1902 aufgelockert.

Nach dem Zweiten Weltkrieg galt Zinnowitz als »Seebad der Werktätigen«, das Hotel »Baltic« ist als Bauwerk ein Zeuge dieser Zeit. Das Hotel ist aber eine der wenigen Bausünden, die Zinnowitz erleben musste, denn heute findet man hier überwiegend die klassische Seebäderarchitektur vom Beginn des 20. Jahrhunderts. Besonders anmutig präsentiert sich das Hotel »Preußenhof« an der Strandpromenade mit seinem »Museumscafé«.

Zinnowitz verfügt, wie die meisten Ostseebäder, über eine Seebrücke, an deren Ende sich die Tauchgondel befindet, wo man unbedingt einmal mitfahren sollte. Die Tauchgänge finden regelmäßig das ganze Jahr über statt.

An der Promenade von Zinnowitz sind einfallsreiche Skulpturen aufgestellt und laden zum Verweilen ein, genau wie die neu gestaltete Promenadenhalle mit dem »Lift-Café«. Kulturelle Highlights gibt es viele. Am bekanntesten und überaus lohnenswert sind sicher die »Vineta Festspiele«. Außerdem belebt das Theater »Die

Blechbüchse« das kulturelle Treiben. Und natürlich fehlt auch der Musikpavillon mit der Konzertmuschel nicht. Zinnowitz wirkt mit der lebendigen Straßenszene, die von Musikanten aufgelockert wird, unglaublich lebensfroh.

Das Seebad vereint somit die beliebte Seebäderkultur mit Theater-und Konzertmomenten und ungetrübte Badefreuden am kilometerlangen Strand. Hier sind im Sommer sogar Trampolinanlagen für Groß und Klein aufgebaut, die auch für den Nachwuchs ausreichend Abwechslung bieten.

Mehr unter:
Kurverwaltung Zinnowitz
Neue Strandstraße 30
17454 Zinnowitz
Tel: 03038377/4920
E-Mail: info@kv-zinnowitz.de
www.zinnowitz.de

DIE ROLLE IHRES LEBENS

Es war Elsas größter Wunsch, und nun ging er ohne Schwierigkeiten in Erfüllung. Sie würde bei den »Vineta Festspielen« auf der Freilichtbühne 45 stehen! Sie, die kleine Schauspielerin, hatte es geschafft und war weiter gekommen, als sie es je zu hoffen gewagt hatte. Es war zunächst nur eine winzige Rolle geplant, aber zum Ausgleich hatte man ihr angeboten, auch in der »Blechbüchse« 46 spielen zu dürfen. Elsa wähnte sich am Ziel ihrer Träume. So viele Jahre hatte sie darauf hingearbeitet, ein Engagement in einem professionellen Ensemble zu bekommen und nicht nur Hobbytheater zu spielen oder sich mit Aushilfsrollen begnügen zu müssen. Ihre Zeit im Jugendtheater und später in den kleinen Künstlerriegen, die einmal jährlich ein Weihnachtsmärchen und vielleicht dazwischen auch einen Schwank auf die Bühne brachten, war mit dem Engagement auf Usedom vorbei. Ihre jahrelange und harte Schauspielausbildung trug endlich Früchte.

Vor lauter Aufregung hatte sie irgendein Hotel, das ihr von der Beschreibung her attraktiv vorgekommen war, gebucht. Erst, als sie nun das Portal des Hotels betrat, wurde ihr bewusst, in welch gediegenem Ambiente sie die nächsten Tage wohnen würde. Das Hotel »Dünenschloss« 47 war immerhin das älteste Hotel in Zinnowitz. Es waren von hier nur wenige Meter zur Strandpromenade 48 mit den kleinen Geschäften, die Seebadflair versprühten wie der gesamte Ort. Vom Fenster aus blickte sie auf einen nostalgischen Eiswagen 49, worum sich die Touristen scharten, weil der Wagen nicht nur grandios nach einem alten Badekarren aussah, sondern es, den verzückten Gesichtern der Kunden nach, dort auch erstklassiges Eis zum Schlecken gab. Die Sonne strahlte gegen das beige-blaue Holz der Bude auf Rädern, Möwen umkreisten gierig die Menschenansammlung in der Hoffnung, eines der Kinder lasse das Eis fallen.

Elsa würde nicht lange im Hotel »Dünenschloss« wohnen bleiben, denn das konnte sie sich von ihrer Gage nicht leisten. Aber ein oder zwei Nächte waren schon drin. Zunächst galt es ja, anzukommen und sich zu akklimatisieren.

Hier auf Usedom, in diesem schnuckeligen kleinen Seebad, würde sie Ruhe finden. Die Ruhe, die sie so dringend benötigte. Sie drängte das Gesicht beiseite, was sich nun unweigerlich vor ihr inneres Auge schob. Mira. Immer wieder Mira. Ihre einstige beste Freundin oder besser die, die sie dafür gehalten hatte. Das, was so lange nach inniger Freundschaft ausgesehen hatte, war in den letzten Monaten zu einem einzigen Scherbenhaufen verkommen. Elsa hatte sich die Füße zu sehr daran aufgeschnitten, als dass sie noch weiter darin hatte herumklettern wollen. Zu groß war die Enttäuschung. Sie hätte nie geglaubt, dass das Ende einer Frauenfreundschaft genauso schmerzhaft sein konnte wie das Ende einer Liebesbeziehung zu einem Mann.

Aber das war nun Geschichte. Mira war weit weg und kannte Elsas Pläne nicht. Das war gut so und bestimmt die beste Entscheidung, die sie seit langer Zeit getroffen hatte. Mira wusste nicht einmal, dass sie von nun an in

Zinnowitz auftreten würde. Als sie gespürt hatte, dass Elsa sich mehr und mehr zurückzog, war sie aggressiv geworden und auf sie losgegangen. Hatte sie beschimpft und geschlagen, vor den Freunden schlecht gemacht.

Dabei war eine Schlammlawine losgetreten worden, die sämtliche Dinge, die einmal gut zwischen ihnen gewesen waren, unter sich begrub. Ja, es war wahrlich besser, nicht weiter an Mira zu denken, sondern nach vorne zu schauen.

»Und das mache ich jetzt«, bestimmte Elsa. »Ich gehe nun auf Zimmersuche, denn morgen ist die erste Probe angesetzt, da werde ich kaum Zeit finden.« Sie zog sich nur die Steppweste über. Es war zwar warm, aber von der Ostsee her wehte ein frischer Wind.

Zuerst lief sie zum Strand, wo die Trampoline **50** aufgebaut waren. Zahlreiche Kinder hüpften wie Flummis auf und nieder. Das orange-blaue Feuerwehrkrad **51** kämpfte sich durch den Sand in Richtung Vineta Brücke **52**, wo die Tauchgondel **53** gerade auftauchte. »Dieses Krad sieht aus, wie aus der Playmobilkiste meines Bruders entstiegen«, lachte Elsa, als sie dem Gefährt hinterherblickte.

Erst überlegte sie, ein Stück am Meer entlangzulaufen, aber dann würde sie vom Ort zu wenig sehen, und es war schon wichtig, sich dort eine Behausung zu suchen, wo es ihr gefiel. Also steuerte Elsa den Musikpavillon **54** an, wo sie sich auf einer der Bänke niederließ. Sie schloss die Augen. Von links drang das Lachen eines Kindes, von rechts schallte ein dumpfes Husten herüber. Über ihr kreischten Möwen. Eigentlich war es eine friedliche Stimmung. Und doch kam Elsa nicht zur Ruhe. Es war mehr eine Ahnung, doch die kroch wie eine Giftschlange auf sie zu und züngelte fast hörbar. Etwas stimmte nicht.

Obwohl die Kinder rings um sie herum fröhlich lachten. Obwohl die Sonne schien und sich tatsächlich ein älteres Ehepaar direkt vor Elsa küsste, weil der Mann seiner Frau eine Fahrt mit dem »Lift-Café« in der Promenadenhalle 55 versprochen hatte.

Elsa riss sich zusammen, damit sie nicht zu sehr von den negativen Gedanken übermannt wurde. Mira war weit weg, und sie, Elsa, hatte von nun an ein Leben, das frei und ungebunden war. Warum war ihre »Freundin« überall präsent und machte ihr solche Angst?

Elsa schlenderte am Skulpturengarten 56 vorbei, der sich an der Strandpromenade entlangzog. Sie betrachtete alle Kunstwerke eingehend. Am liebsten mochte sie das sich umschlingende Liebespaar. Sie war eben eine hoffnungslose Romantikerin. Bei den fünf Fingern, die aus dem Rasen ragten, beschlich Elsa wieder dieses mulmige Gefühl. Sie glaubte, Mira hinter dem Ringfinger erkannt zu haben. Aber das konnte nicht sein. Ihre Rivalin, ja Rivalin war das richtige Wort für Miras Art, Elsa stets in allem und jedem ausstechen zu wollen, wusste schließlich nicht, wo Elsa war. Sie litt wirklich schon unter Verfolgungswahn. Elsa beschloss, die Zimmersuche zu vertagen und die ersten Proben abzuwarten, ob alles auch so verlief, wie sie es sich erhoffte. Dank Mira war sie sehr vorsichtig geworden. Und bis zu ihrer Entscheidung war sie im »Dünenschloss« gut aufgehoben.

Die Probe fand am nächsten Vormittag auf der Übungsbühne statt. Elsa war selten so nervös gewesen. Sie stand bereits um sechs Uhr auf, duschte und zog sich dreimal um, weil sie keines der Kleidungsstücke als angemessen empfand. Sie musste unauffällig aussehen und durch ihre

Rolle bestechen, dazu sollte es praktisch sein, denn es war unmöglich vorzuspielen, wenn sie durch unbequeme Kleidung eingezwängt wurde. Dennoch war es wichtig, Ausstrahlung zu haben und vorteilhaft zu wirken. Alles in allem ein fast unmögliches Unterfangen, aber am Ende hatte sie sich für eine Stretchhose und ein locker fallendes Shirt entschieden.

Eine Stunde zu früh machte sich Elsa auf den Weg. Kaum war sie in dem kleinen Aufenthaltsraum angekommen, reichte man ihr Tee und selbstgebackene Kekse, die in der Mitte mit Marmelade gefüllt waren.

»Schön, dass du nun zu uns gehörst. Wir haben uns sogar eine Aufnahme deiner letzten Vorstellung angesehen, es ist beeindruckend, was du kannst. Das wird langfristig bestimmt nicht bei der Nebenrolle bleiben«, lächelte Tim sie an. »Ich glaube, du wirst bei uns in kurzer Zeit ganz oben sein.«

Elsa fiel ein Stein vom Herzen. Sie wurde nicht herumgeschubst, das Ensemble freute sich darüber, dass sie da war. Es war gut, einen Schlussstrich gezogen zu haben. Getreten hatte man sie lange genug.

»Gleich kommt noch ein neues Mitglied«, sagte Manu, während sie Tee nachschenkte. »Wir werden euch beide wunderbar ins Ensemble integrieren. Ich mag es immer, wenn frischer Wind in der Gruppe weht.«

Elsa war froh, dass sie nicht die einzige Neue war, das erleichterte vieles. Sie kannte keinen Neid, von daher würde es friedlich abgehen, sie würden sich schnell einigen. Doch als sich dann die Tür öffnete und Mira hereinspazierte, verschluckte Elsa sich sofort an ihrem Keks. Mira bemerkte ihre Fassungslosigkeit und sonnte sich in ihrem Entsetzen. Ein breites Lächeln überzog ihr Gesicht.

Dabei verharrte ihr Blick eine Spur zu lange auf Elsa. Mira genoss die Situation. Und wie sie sie genoss!

»So sehen wir uns also wieder, meine Gute«, sagte sie schließlich.

»Ihr kennt euch?«, fragte Manu sofort.

Mira stellte sich in Position. »Elsa hat in unserem letzten Stück die Küchenmagd gespielt, ich hatte mit der Königin die Hauptrolle.« Sie glitt auf einen der Stühle, ohne dass man ihn ihr angeboten hatte. Nach ihren Worten hing ein betretenes Schweigen in der Luft. Mira hatte mit diesem einen Satz die Fronten geklärt, und jeder im Raum wusste das, Elsa am allerbesten. Sie schluckte, denn der Kloß im Hals wurde unerträglich dick. Ihre Flucht war misslungen. Es war wie ein Fluch: Elsa würde auch hier in der Kette weit hinter der unschlagbaren Mira hängen, sich mit den Brosamen zufriedengeben müssen, die Mira ihr gnädig übrig ließ.

Jetzt schlug sie die Beine lässig übereinander und taxierte die Runde. »Ich freue mich, dass ich bei euch sein darf. Es ist eine solche Ehre, in diesem Ensemble mitzuspielen.« Sie wandte sich an Elsa. »Das ist es doch, nicht wahr? Das hast du den Mitspielern bestimmt auch schon gesagt. Ich meine, ich habe zwar schon sehr viel schauspielerische Erfahrung – das konntet ihr ja bereits meiner Bewerbung entnehmen – aber hier kann ich so richtig dazulernen.« Mira ruderte beim Reden mit den Armen. Sie war laut und leicht überdreht, das kannte Elsa schon. Und auch, dass alle wie gebannt an ihren Lippen hingen. Mira war eine imposante Erscheinung, die man so schnell nicht vergaß. Groß, blond, ein bisschen kräftig, aber mit einem hübschen Gesicht. Sie hatte allerdings einen Schwachpunkt, und Elsa hatte ihn erkannt. Man konnte, wenn man Mira durchschaute, in ihren Gesichtszügen lesen wie in einem aufgeschlagenen Buch. Die anderen bemerkten das nicht, sie lauschten fasziniert Miras Worten. So, wie es immer war und so, wie es immer sein würde.

Tims Worte, was Elsas Können anging, waren mit dem Auftauchen Miras zunichtegemacht worden, denn ihre »Freundin« würde von nun an sämtliche Privilegien bekommen. Auch wenn Tim gleich zu Beginn gesagt hatte, dass es bei Elsa bestimmt nicht bei der Nebenrolle bleiben würde. Mit Miras Auftauchen war klar, wer von nun an die Hauptrollen übernehmen würde. Jeder hier im Raum wusste das. Daran gab es nichts zu rütteln, es gab Dinge, die änderten sich nie.

Die Proben begannen, und es lief genauso ab, wie Elsa es befürchtet hatte. Mira legte sich total ins Zeug und beeindruckte das gesamte Ensemble. Sie ignorierte Elsa, warf ihr nur ab und zu einen mitleidigen Blick zu. Elsa wartete nur auf den Moment, wo Tim ihr sagte, dass sie sich doch längerfristig mit der kleinen Nebenrolle zufriedengeben musste und auch keine Änderung zu erwarten sei, weil es ja nun Mira gab und sie einfach die Bessere war. Sie solle seine Versprechungen, die er ihr zu Beginn gemacht hatte, doch besser vergessen.

Elsa hatte ihr Vorhaben, sich ein Zimmer zu suchen, längst ad acta gelegt, denn sie würde nicht in Zinnowitz bleiben. Sie schrumpfte hier genauso wie an allen anderen Orten, wo Mira das Ruder an sich gerissen hatte.

Am Tag darauf war Teambesprechung. Es sollte um die Besetzung der Rollen gehen. Elsa meldete sich krank. Sie wollte Miras Triumph nicht erleben, es war zu schwer für sie geworden, darüber zu stehen. Zu tief waren die schon lange zuvor geschlagenen Wunden. Es ging einfach nicht mehr.

»Ich gönne mir ein Stück Kuchen und einen starken Kaffee im ›Museumscafé‹ vom Hotel ›Preußenhof‹ 57 , und danach mache ich einen Abgang. Ich suche mir ein anderes Theater, neben Mira kann und will ich nicht arbeiten. Dann besser wieder arbeitslos und nur kleine Aushilfsrollen«, beschloss sie.

Elsa hoffte, ihre Konkurrentin würde dann Ruhe geben, sie hatte gewonnen wie immer. Hauptsache, sie erfuhr nicht, wohin Elsa dieses Mal ging. Denn sie würde ihr folgen. Wieder und wieder. Es ging ihr nur ums Siegen.

»Wir müssen reden.« Miras Stimme tönte Elsa aus dem Handy entgegen.

»Ich räume freiwillig das Feld. Ich habe dir alles überlassen. Du hast gewonnen, zufrieden?« Elsa verspürte keine Lust auf ein Treffen mit ihr, aber Mira ließ nicht locker. »Komm, wir treffen uns am Strand.«

Widerwillig stimmte Elsa zu, obwohl sie ein starker Kopfschmerz plagte. Mira wollte ihren Erfolg feiern und sich dabei an Elsas Leid weiden, und sie war so blöd, mal wieder mitzuspielen. »Nur noch dieses eine Mal«, sagte Elsa zu sich selbst. »Nur noch dieses eine letzte Mal.«

Es war schon dunkel, die Sitzung im Theater musste lange gedauert haben. Elsa fand das eigenartig, denn mit Miras Auftauchen waren die Weichen doch klar gestellt gewesen. Der einzige Quertreiber war sie, weil sie sich nicht mit Miras Dominanz abfinden konnte, ja sogar so sehr darunter litt, dass sie ihre Zelte in Zinnowitz vorzeitig abbrechen würde. Miras rosiger Zukunft bei den »Vineta Festspielen« stand also nichts im Wege.

Nach links gehen, hatte Mira bestimmt, und Elsa folgte ihr brav wie ein Hündchen, so wie sie es gewohnt war. Der Mond warf einen Silberstreifen auf die Ostsee, in seinem Licht dümpelten ein paar Möwen auf dem ruhigen Wasser.

Mira wartete bereits auf sie. »Da bist du ja. Sind deine Kopfschmerzen besser?«

Elsa nickte. »Ja danke. Und – hast du die Hauptrolle bekommen?«, fragte sie gleich aus Höflichkeit. »Was hat man mir nun als Almosen zugedacht?« Ihre Stimme klang ungewöhnlich zickig.

Mira wirkte mit einem Mal sehr blass. »Das wagst du tatsächlich zu fragen, du falsche Schlange?«

Elsa trat unwillkürlich einen Schritt zurück, denn Miras Augen funkelten. »Was willst du damit sagen?«

Mira schoss vor, stieß Elsa in den Sand und umklammerte ihren Hals. Sie drückte zu. Fester und fester. Elsa war der Kraft Miras nicht gewachsen, schlug mit dem Kopf hin und her. Strampelte mit den Beinen, doch Mira ließ nicht locker. Irgendwann wehrte Elsa sich nicht mehr und war dankbar, als sich die große Dunkelheit auftat, die sie von dem schrecklichen Druck auf ihrem Hals befreite.

»Wo bleibt Elsa denn?« Tim schaute immer wieder auf die Uhr und anschließend zu Mira. »Du wolltest ihr doch Bescheid geben!«

Mira saß bereits seit einer halben Stunde in der Küche. »Hab ich auch. Aber so ist sie nun mal. Total unzuverlässig. Hab ich oft erlebt. Kaum wird es ernst, macht sie die Biege. Sie ist einfach keine Schauspielerin, die die Nerven für eine Hauptrolle hat.« Sie seufzte. »Das hat ihr schon so oft die Karriere versaut. Was hat sie durch dieses Abtauchen schon an Rollen verloren! Sie war ja nicht umsonst ständig hintenan oder hat keine Engagements bekommen! Aber so ist Elsa!«

»Deswegen ist sie also immer nur Nebendarstellerin gewesen? Oder hat ausschließlich in kleinen Inszenierungen mitgewirkt?«, ließ sich nun Manu vernehmen. Sie stellte neues Teewasser auf. »Sie ist eine wunderbare Schauspielerin. Wir hätten sie schon in dieser Spielzeit ganz weit nach vorne gebracht.«

Tim setzte sich an den Tisch und goss Tee in den Becher. Er rührte lange, bevor er Mira ansah. »Mensch, wir haben uns die Entscheidung nicht leicht gemacht und hätten Elsa so gern die Hauptrolle gegeben, sogar jetzt schon. Das machen wir ja eigentlich nie mit Neulingen, aber nun, wo Jutta plötzlich wegen der Schwangerschaft ausfällt, wäre Elsa die Idealbesetzung gewesen. Auch wenn du ebenfalls eine gute Schauspielerin bist.« Er machte eine Pause. »Aber nun: Elsa will ihre Chance offenbar nicht ergreifen, also wirst du einspringen. Packst du das?«

Mira sah Tim lange und mit einem breiten Lächeln in den Augen an. »Klar schaffe ich das. Ich spiele die Rolle meines Lebens, das glaube mal.«

FREIZEITTIPPS

45 Freilichtbühne mit Vineta Festspielen
Die Freilichtbühne liegt etwas versteckt. Aber es lohnt sich, einen Abstecher dorthin zu unternehmen. Fantastisch ist das jährliche Spektakel mit der Aufführung des »Vineta Festspiels«, das sich mit dem Aufstieg und dem Fall der Stadt Vineta beschäftigt. Das ganze Stück wird von einer sagenhaften Lasershow, Musik und Tanz begleitet und zieht jedes Mal viele Zuschauer in den Bann. Auf jeden Fall Karten reservieren!
Mehr Infos: www.vineta-festspiele.de

46 Theater Blechbüchse
Gelb und wellblechrund liegt das Theater »Blechbüchse« in zweiter Reihe. Das Theater bietet unterschiedliche Inszenierungen und einen wechselnden Spielplan. Über Friedrich Schiller bis hin zu den Grimm'schen Märchen wird alles geboten. Den aktuellen Spielplan und die Anfahrt entnehmen Sie bitte der Website des Theaters, wo Sie auch Karten reservieren können.
Mehr Infos unter: www.blechbuechse.de

47 Hotel Dünenschloss
Das Hotel »Dünenschloss« stammt aus dem Jahr 1860 und ist das älteste Hotel im Ort. Mit seinem kleinen Türmchen und dem grünen Dach fällt es sofort auf. Es ist im Stil der Seebäderarchitektur erbaut und liegt nur rund 100 Meter vom Strand

entfernt. Wer gern in einem stilvollen Hotel Urlaub machen möchte, ist hier gut aufgehoben.
Mehr Infos unter: www.hotel-duenenschloss.de

48 Strandpromenade mit Einkaufsmeile
Einen Spaziergang entlang der Strandpromenade von Zinnowitz lohnt sich allemal. Kleine Geschäfte und Cafés reihen sich dicht an dicht.

49 Nostalgischer Eiswagen
Den nostalgischen Eiswagen findet man mitten in Zinnowitz. Dort wird auch noch Eis verkauft. Der Eiswagen ist einem alten Bäderkarren nachgebaut und ein absoluter Blickfang.

50 Trampoline am Strand
Zinnowitz ist Leben, und das nicht nur im Ort. Am weitläufigen und feinsandigen Strand stehen blaue und weiße Strandkörbe. Damit auch den Kindern nicht langweilig wird, hat man in Zinnowitz eine Trampolinanlage neben der Seebrücke aufgebaut, sodass sowohl Spiel und Spaß als auch die Badefreuden nicht zu kurz kommen.

51 Feuerwehrkrad
Für Notfälle hat sich Zinnowitz etwas Besonderes einfallen lassen. So tourt ein Feuerwehrkrad über den Strand und kann im Notfall schnell eingreifen. Äußerlich wirkt das orange-blaue Gefährt wie ein zu groß geratenes Playmobilfahrzeug und fällt allein dadurch auf.

52 **Vineta Brücke**

Die Vineta Brücke in Zinnowitz wurde im Jahr 1897 als einfacher Steg erbaut. Im Jahr 1908 errichtete man dann eine neue Brücke. Nutzte man den Steg zuvor nur für kleine Boote, war es nun möglich, auch größere Seebäderschiffe anlegen zu lassen. Da die Brücke im Zweiten Weltkrieg immensen Schaden nahm und wegen Verwitterung nicht mehr zu gebrauchen war, baute man die heute bekannte Vineta Brücke. Im Jahr 2006 konstruierte man am Brückenkopf eine Tauchgondel, die bis heute ein großer Touristenmagnet ist. Die Brücke liegt direkt an der Strandpromenade und ist nicht zu verfehlen.

53 **Tauchgondel Zinnowitz**

Die Tauchgondel in Zinnowitz liegt an der Spitze der Vineta Seebrücke. Es gibt zwei weitere Gondeln ihrer Art: in Zingst auf dem Darß und in Sellin auf Rügen. Das Prinzip der Gondel ist genauso einfach wie effektiv und reizvoll. Das Deck für die Besucher befindet sich circa vier Meter unterhalb der Meeresoberfläche. Während die Gondel abtaucht, erfährt der Besucher in einem Vortrag eine interessante Einführung in den Ostseelebensraum. Dieser Vortrag ist stets unterschiedlich, denn er richtet sich nach der jeweiligen Jahreszeit und auch nach der Sicht unter Wasser. Durch die Bullaugen kann man Fische, Quallen und Unterwasserpflanzen in ihrem ökologischen Umfeld beobachten. Des Weiteren bietet eine 3D-Präsentation einen Einblick in den Ostseelebensraum. Wie leben die dort ansässigen Kegelrobben, die Dorsche und Ostseegarnelen? Die Tauchgondel ist ganzjährig geöffnet.

Mehr Information:
Tauchgondel Zinnowitz
An der Strandpromenade
17454 Zinnowitz
Tel: 038377/37861
E-Mail: zinnowitz@tauchgondel.de
www.tauchgondel.de

54 **Musikpavillon mit Konzertmuschel**
Der weiße Musikpavillon mit der Konzertmuschel ist ebenfalls direkt an der Strandpromenade zu finden und nicht zu verfehlen. Er wurde 1939 von einem Zimmermann gebaut, der sich mit dem Bau den Meistertitel verdient hat.

55 **Promenadenhalle mit »Lift-Café« und 3-D Kino**
Die Promenadenhalle in Zinnowitz mit dem »Lift-Café« sollte sich kein Besucher entgehen lassen. Die Halle birgt ein 3D- und 5D-Kino, die Cocktailbar »Himmel &Meer« mit Strandflair (die Stühle stehen im Sand) und das Restaurant »Bella Italia«. In den Sommermonaten finden hier Kindertanz und Piratentheater statt. Es ist sogar möglich, sich mit den Kindern in der Edelstein-Schürfanlage auf Schatzsuche zu begeben. Das Highlight der Promenadenhalle ist allerdings der Ostseelift. Zwischen zehn und 18 Uhr fährt der Lift, in dem ein kleines Café untergebracht ist, immer zur vollen Stunde auf etwa 25 Meter über dem Meeresspiegel auf. In gemütlichen Sitzgruppen, wenn gewünscht mit leckerem Kaffee-und Kuchengedeck, kann der Besucher den Blick über die Ostsee und die Insel Usedom genie-

ßen. Begleitet wird die Auszeit in der Luft mit einem lebendigen Vortrag über Zinnowitz.
Mehr Infos:
Promenadenhalle Zinnowitz
Neue Strandstraße 30a
17454 Zinnowitz
Tel: 038377/37336
E-Mail: info@promenadenhalle.de
www.promenadenhalle.de

56 Skulpturengarten an der Strandpromenade
Besonders ansprechend ist der Skulpturengarten entlang der Strandpromenade. Zwischen Weg und Küste hat man eine Gartenanlage angelegt und darin die verschiedensten Skulpturen ausgestellt. Besonders beliebt ist die »Hand«. Von ihr ragen nur die fünf Finger aus der Wiese. Andere Besucher begeistern sich aber auch für das eng umschlungene Liebespaar. Machen Sie sich selbst auf die Suche und entdecken Sie Ihre Lieblingsskulptur.

57 Hotel Preußenhof
Das Hotel »Preußenhof« blickt auf eine lange Geschichte zurück. Direkt an der Promenade gelegen hat es eine äußerst günstige Lage. Diente es zunächst als Strandhotel, wurde es zwischenzeitlich zum »Ferienheim Glückauf« umfunktioniert. Heute ist das Hotel »Preußenhof« ein wunderbares Hotel mit einem »Museumscafé« und einer erstklassigen Küche.
Mehr Infos: www.schoener-inseln.de/hotels/preussenhof.html

5. HALBINSEL GNITZ

Bis zum 13. Jahrhundert war Gnitz eine echte Insel und von Usedom abgetrennt. Ein altes Großsteingrab bei Lütow weist auf eine frühe Besiedelung um mindestens 3000 vor Christus hin. Gnitz gilt als Wiege der Kolonisation Usedoms und liegt inmitten von Achterwasser und Krumminer Wiek.

Die Halbinsel Gnitz, oder auch einfach »der Gnitz« genannt, unterscheidet sich sehr vom übrigen Strand-und Seebäderflair Usedoms und doch ist es, gerade für Naturliebhaber, ein Muss, hierher zu kommen.

An der Spitze des Gnitz befindet sich das ausgedehnte Naturschutzgebiet »Südspitze« mit Möwenort und Weißer Berg, einer imposanten Steilküstenlandschaft. Die Landschaft ist aber ebenso von Waldgebieten und Magerrasenflächen geprägt. Dazu kommen ausgedehnte Feuchtbiotope und Salzwiesen sowie Dünenlandschaften. Auf der Halbinsel ist es mit Glück auch möglich, Seeadler zu beobachten.

Mit den Ortschaften Neuendorf, Netzelkow und Lütow ist die Halbinsel nur sehr dünn besiedelt. Urig ist der ehemalige Erdölhafen von Netzelkow, wo auch ein Restaurantschiff liegt, in dem man einen fantastischen Kartoffelsalat genießen kann und auf alte »Seebärart« bedient wird.

Kurverwaltung Zinnowitz
Neue Strandstraße 30

17454 Zinnowitz
Tel: 038377/4920
E-Mail: info@kv-zinnowitz.de
www.zinnowitz.de
oder
www.insel-usedom.net/gnitz.htm

ADLERBLICK

Seeadler. Dietmar wollte schon immer den größten Adler Europas in natura sehen, nachdem ihm der Anblick der Steinadler bereits in den Alpen vergönnt gewesen war. Er war Hobby-Ornithologe durch und durch und besonders begeistert von allen Greifvögeln. Angefangen beim Bussard und Falken bis hin zu den nachtaktiven Eulen. Die Könige aber waren die Adler, die mit ihren mächtigen Schwingen, oft breit gefächert, majestätisch über den Himmel glitten. Dietmar interessierte kein Strandurlaub auf Usedom. Er war nur hier, um sich diesen Lebenstraum zu erfüllen.

Beim letzten Urlaub in Schleswig Holstein hatte er Fischadler beobachten können, der Blick auf den Seeadler war ihm nicht vergönnt gewesen, so lange er auch auf der Lauer gelegen hatte. Nun hatte man Dietmar gesagt, auf der Halbinsel Gnitz wäre es sehr wahrscheinlich, mindestens ein Seeadlerpaar am Himmel kreisen zu sehen. Folglich hatte er seine Ersparnisse zusammengekratzt und war hierher gefahren.

Nachdem er einen Tag auf der Vogelinsel Görmitz 58 zugebracht und die Vogelwelt erkundet hatte, beschloss Dietmar, mit seinem Wohnmobil den Gnitz zu erkunden, denn dort nistete ganz sicher ein Paar der stolzen Greifvögel.

»Fahr mal nach Netzelkow 59 , da gibt es einen voll urigen Platz am Hafen. Und auf dem Restaurantschiff kannst du super essen. So echte Hausmannskost. Die haben den voll guten Kartoffelsalat.« Sein Kumpel Kalle war stets ein guter Ratgeber, wenngleich auch ein bisschen lästig. Er fand immer alles »voll gut« oder »voll super«. Die beiden trafen sich häufig an den verschiedensten Wohnmobil-Stellplätzen in Deutschland. Hätte Dietmar Kalle entfliehen wollen, wäre dies nur bei einer Tour ins Ausland möglich gewesen, denn dorthin reiste sein Kumpel nicht. Außer nach Holland (er sagte nie Niederlande, obwohl Holland politisch ja nicht korrekt war, aber Dietmar hatte aufgeben, ihn deswegen zu missionieren). Die Holländer auf den Plätzen in Deutschland aber mochte er nicht, warum auch immer. Dietmar hatte mit ihnen nie Probleme gehabt, aber Kalle konnte es ja nicht lassen und legte sich überall mit allen möglichen Leuten an.

Deshalb ging Kalle Dietmar oft genug auf den Senkel, nur war es sinnvoll, seinen Campingvorschlägen zu folgen, denn er kannte offenbar jeden Winkel der Republik. Kalle hatte vor drei Jahren sein Häuschen in Bochum gegen ein Wohnmobil getauscht. Er war Single. Anna-Maria hatte nach 30 Ehejahren seine Bevormundung sattgehabt und ihn vor vier Jahren verlassen. Danach hatte Dietmar eine Zeit lang befürchtet, Kalle könnte psychisch abstürzen, denn er hatte sich mit zwielichtigen Typen eingelassen, aber plötzlich war eine Wandlung mit Kalle vorgegangen, und er war von einem Tag auf den anderen wie ausgewechselt gewesen. »Man muss manchmal einen Schnitt machen und abschließen. Ich werde von nun an *leben*, weil ich alles hinter mir gelassen habe. Ich reise jetzt«, hatte Kalle gesagt. »Wozu die Maloche, wenn ich das voll lieber tun möchte und es kann.« Von der Erbschaft seiner »Omma« legte er sich den »Hymer« zu, und dann ward er nicht mehr oft gesehen.

Aber Kalle meldete sich ständig bei Dietmar. Vor allem, seit es WhatsApp gab. Jetzt konnte er seinem Spezi auch noch im Minutentakt Fotos schicken. Kalle mit einem Humpen Bier beim Frühschoppen, im Hintergrund die Dolomiten. Kalle vor einem Berg Gyros beim Griechen am Attersee oder dem dicksten Wiener Schnitzel in Cochem, weil es da eine große Schnitzelhausdichte gab. Kalle am Rhein, Kalle an der Ostsee. Kalle im Harz. Und sehr oft: Kalle auf Usedom am Achterwasser.

Eigentlich war Dietmar froh, dass sein Freund beschäftigt war, denn die WhatsApps konnte er problemlos wegdrücken, während Kalles Besuche ihn jedes Mal ordentlich Nerven kosteten.

Als Dietmar nun Netzelkow durchquerte, empfingen ihn die mit Reet gedeckten Häuschen, in deren Gärten die Hühner frei herumliefen. Er hielt auf die kleine Kirche 60 zu und war Kalle doch dankbar für den Tipp. Seiner letzten WhatsApp nach weilte er gerade in der Lüneburger Heide und machte einer Schäferin den Hof. Kalle rechnete sich große Chancen aus und war demnach eine Weile mit Süßholzraspeln beschäftigt. Sein Love-Mobil hatte er ja dabei, was er »voll gut« fand. Das Risiko, ihm auf Usedom zu begegnen, schien folglich gering. Dietmar bog links ab und gelangte zum Hafen.

Nur wer stand dort bereits mit seinem metallicgrauen Hymer? Kalle! Aber allein, ohne die Schäferin. »Mensch, da bist du ja meiner voll guten Idee gefolgt, Sportsfreund!« Anschließend textete Kalle Dietmar zu. Wie voll dumm es sei, sich auf Campingplätze zu stellen, wie voll super es am Achterwasser sei und all das. Dietmar kam gar nicht dazu, den Redefluss zu stoppen. Er wollte ihn eigentlich nach seiner Eroberung fragen, nur redete Kalle ohne Punkt und Komma. Als er dann doch kurz Luft holte, entschied sich Dietmar für die Kurzversion, denn wer wusste schon, wann er eine solche Chance, sich selbst zu artikulieren, erneut bekommen würde. Vermutlich war sein Beutezug durch die Heide eher suboptimal verlaufen, sonst hätte Kalle sich bereits mit seinem unwiderstehlichen Charme gebrüstet.

Also sprudelte Dietmar augenblicklich los und teilte Kalle seine Pläne mit. »Du Kalle, ich geh jetzt mal in die Koje. Ich habe eine lange Fahrt hinter mir und will morgen weiter Richtung Weißer Berg [61]. Von dort werde ich den Wanderweg nach Möwenort [62] laufen und schauen, ob ich, außer dem Seeadler, im Schilfgürtel [63] vom Achterwasser noch weitere Vogelarten entdecke.« Sprach's und erhob sich blitzschnell, ehe Kalle etwas anderes einfallen würde.

»Du bist ja voll der typische Touri«, schimpfte der auch gleich los. »Das machen sie doch alle. Und hinterher geht es ab ins ›Galerie-Café‹ [64], weil es da voll urig ist.«

Dietmar winkte ab. Kalle nervte ihn. »Ich mache mich zu nachtschlafender Zeit auf den Weg, wenn noch keiner unterwegs ist. Nur deswegen bin ich hier. *Nur* deswegen!«

Kalle schimpfte weiter wie ein Rohrspatz, sodass Dietmar kurzerhand das Wohnmobil anschmiss und zum Campingplatz Lütow [65] an der Südspitze des Gnitz' übersiedelte. Er war hier, um Vögel zu beobachten, und nicht, um sich von Kalle zutexten zu lassen. Er würde ihm nur den Adler vertreiben.

Endlich frei. Die Luft »draußen« hatte einen anderen Duft als die im Knast. Fünf verlorene Jahre waren das gewesen und alles nur wegen diesem hirnlosen Idioten. Manni mochte nicht einmal seinen Namen denken, weil er dann Gefahr lief, erneut gedanklich mit dieser Visage konfrontiert zu werden. Obwohl er sich auf seinen paar Quadratmetern in der Zelle oft überlegt hatte, wie er ihm diese Schmach heimzahlen konnte. Ungeschoren sollte Kalle nicht davon kommen. Verdammt – nun war der Name gedacht.

Manni war im Augenblick zu müde, um einen klaren Gedanken zu fassen. Er wusste ohnehin nicht, wo sich sein einstiger Freund aufhielt. Der hatte nur Nutzen aus allem gezogen, der Hund, und badete nun bestimmt in irgendeinem Pool im Süden und ließ es sich mit all der Kohle gutgehen. Den Dreck hatten Manni und Siggi abbekommen. Siggi war tot, und er, Manni, hatte im Knast die Strafe allein abgesessen. Früher war er ein fröhlicher und gutmütiger Mann gewesen, den nichts aus der Ruhe hatte bringen können. Bis zu dem Tag, als Kalle ihn verraten hatte, um sich selbst ein »voll gutes« Leben machen zu können. Wenn Manni sich erholt hatte, würde er Kalle finden, und dann gnade ihm Gott.

»Wohin?«, fragte der Taxifahrer.

»Erst zur Kleingartenanlage. Da können Sie kurz warten, und wir fahren weiter zum Bahnhof. Ich will nach Usedom. Seeluft pustet den Kopf frei.« Manni wollte erst sehen, ob er mit dem alten Wohnmobil weiterfahren konnte, bevor er den Taxifahrer fortschickte.

Der Campingplatz in Lütow entsprach ganz Dietmars Vorstellungen. Abgelegen, einfach und wunderbar angelegt. Bewaldete Stellplätze wechselten sich ab mit einer bunten Blumenwiese, am Ende des Platzes war es möglich, hinunter zum extrem schmalen Strand zu gelangen. Dietmar freute sich auf den kommenden Morgen, wenn er auf Vogelsafari gehen würde. Endlich Ruhe, endlich Urlaub.

Er baute Campingtisch und Relaxstuhl auf, legte das blaue Tischtuch darüber und klemmte die Kugeln an den Saum, damit es nicht bei der nächsten Windböe vom Tisch geweht wurde. Anschließend kurbelte er die Markise herunter, setzte sich und öffnete eine Flasche Bier, die er zuvor aus der Box genommen hatte. Das kühle Nass perlte durch seinen Rachen. Dietmar lehnte sich zurück und schloss die Augen. Das Wohnmobil zu kaufen, war die beste Idee seit Jahren gewesen, selbst wenn es bedeutete, dass er ständig Kalle im Nacken hatte, weil der doch immer wieder spitz bekam, wo Dietmar gerade Urlaub machte. Aber da er ja Campingplätze ablehnte, würde er ihn zumindest hier in Ruhe lassen, denn dass er *freiwillig* sein Wohnmobil auf einem Campingplatz abstellte, war nicht zu erwarten. In Netzelkow war er ja offenbar »voll glücklich«.

Auf dem Nebenplatz parkte eben ein weiterer Wagen ein. Dietmar ließ sich nicht stören. Wenn man nicht wollte, musste man weder auf Campingplätzen noch auf Wohnmobilstellplätzen mit anderen reden. Man konnte, aber man musste nicht. Genau das liebte er. Meist war Dietmar lieber für sich. Eben begann eine Amsel, ihr Abendlied zu singen. Er schloss die Augen, nein, diese Momente würde er sich nicht nehmen lassen. Von gar niemanden.

»Tag!«, krähte eine Stimme durch die Dämmerung. Eine Stimme, die Dietmar kannte. »Bin auch hergekommen. In Netzelkow sind jetzt zwei Holländer, und ich möchte mich nicht mit ihnen unterhalten, das ist zu anstrengend. Und du weißt, ich mag die voll nicht.«

Dietmar war einen Augenblick versucht, sich schlafend zu stellen. Er musste früh raus, wollte nach dem Bierchen ins Bett. Wäre er doch gleich gegangen und hätte sich nicht von dem lauen Abend dazu verleiten lassen, noch dieses halbe Stündchen draußen zu sitzen. Er überlegte verzweifelt, was er tun sollte.

»Ey, Dietmar. Hörste mich? Du hörst mich doch voll?« Kalles Stimme näherte sich bedrohlich. Er hatte etwas von einem Parasit.

»Bist ja nicht zu überhören.« Dietmar richtete sich langsam auf. »Ich denke, du magst keine Campingplätze. Und wenn auf dem Womo-Platz nur Holländer sind, dann sitzt du halt mal alleine da und genießt die Ruhe. Wo liegt das Problem?«

»Ne, das geht voll gar nicht. Den ganzen Tag in dieser fremden Sprache reden oder mit Händen und Füßen! Wer bin ich denn? Aber es ist voll schön, dich wieder neben mir zu wissen.«

Kalle begriff einfach nicht, was Dietmar ihm sagen wollte, war mal wieder in seinem Kokon gefangen.

Dietmar erklärte Kalle ruhig, dass er nun ins Bett gehen würde, weil er früh raus wollte, um seine Vogelbeobachtungen zu machen.

Kalle winkte ab. »Ich komme mit, das interessiert mich voll. Was meinst du?«

Dietmar schüttelte entschieden den Kopf. »Nein Kalle, ich gehe ohne dich. Ich brauche das für mich. Bei einer Vogelsafari muss man leise sein, darf sich oft kaum bewegen. Das geht besser allein, verstehst du?«

Kalle gab überraschend schnell nach, was Dietmar aber nicht stutzig machte, sondern mit Erleichterung erfüllte.

Manni hatte am Bahnhof das Schließfach geräumt. Wie durch ein Wunder hatte der Schlüssel dafür noch immer im Versteck in Siggis Garten gelegen. Siggi, der damals erschossen worden war. Um seine Kleingartenanlage hatte sich offenbar seitdem keiner mehr gekümmert, was für Manni nun ein Segen war. Kalle hatten sie über ihre Rückversicherung nicht informiert. Manni hatte ihm von Beginn an misstraut, was sich am Ende auch als richtig herausgestellt hatte. Glücklicherweise hatte er einen Teil der Beute gleich versetzt und das Geld vor Kalle in Sicherheit gebracht. Seinen alten Camper hatte Siggis Bruder instand gehalten und rechtzeitig zu Mannis Entlassung angemeldet. Also winkte er dem Taxifahrer kurz, sodass er unverzüglich losfahren konnte. Er wollte zunächst das Leben genießen. Und wenn er auf Usedom zu Kräften gekommen war, dann würde er Kalle ausfindig machen und aus ihm herauspressen, wo er die Diamanten, das Gold und Silber und all den Schmuck gelassen hatte. Sobald Kalle ihm in die Falle gegangen war, würde der sich wünschen, niemals geboren worden zu sein.

Manni entschied sich, die Nacht auf dem Gnitz zu verbringen. Es war gut, sich am Achterwasser aufzuhalten, denn das Gewässer vermittelte ihm noch mehr Ruhe als die Ostsee. Was für einen wunderbaren Männerurlaub hatte er einst mit Kalle hier verbracht. In einem Hotel in Lütow hatten sie gewohnt, die tollsten Wanderungen zum Weißen Berg oder in Richtung Möwenort gemacht und dabei ihren großen Coup, den Überfall auf das Juweliergeschäft in Rostock geplant. Weit weg von ihrem Wohnort mitten im Ruhrpott, damit niemand, wirklich niemand auf sie kam. Feuer und Flamme waren sie gewesen. Danach sollte alles besser werden – aber was war geschehen? Nun, Siggi war von Beginn an skeptisch gewesen, was Kalles Beteiligung anging, und er konnte Manni zumindest davon überzeugen, Kalle nicht in alles einzuweihen, sodass sie am Ende tatsächlich nicht die ganze Beute an ihn verloren hatten.

Manni schwebte in einem Zustand zwischen Wehmut und Trauer, weil Kalle mit seiner Flucht, die einem Verrat gleichkam, die Freundschaft zerstört hatte.

Er kam gerade noch auf den Campingplatz, bevor die Schranke für die Nacht geschlossen wurde. Manni entschied sich für einen sonnigen Platz. Er würde morgen einen ausgiebigen Spaziergang machen, vielleicht drei Tage bleiben.

Manni suchte sich einen freien Stellplatz direkt neben zwei anderen Wohnmobilen. Meist verstanden sich die Wohnmobilisten blendend untereinander, daran würde sich auch in den paar Jahren nichts geändert haben. In beiden Campern waren aber die Plissees schon zugezogen, sodass er nicht erkennen konnte, wer seine Nachbarn waren.

Dietmars Wecker klingelte um fünf Uhr. Er schlug ihn rasch aus, schließlich wollte er nicht, dass auch Kalle wach wurde. Dietmar schlüpfte in seine Tarnkleidung, die aus dunkelbraunen Shorts und einem ebenso tristen T-Shirt bestand, und kochte sich einen Tee. Eine Banane zum Frühstück reichte ihm vollkommen. Vorsichtig öffnete er die Wohnmobiltür und schlich in Richtung Achterwasser davon. Wenn er die Adler beobachten wollte, konnte er einen Quatschkopf wie Kalle wirklich nicht gebrauchen. Er bekam Gänsehaut, wenn er nur daran dachte, wie »voll cool« Kalle das alles finden würde. Oder wie »voll langweilig, komm lass uns besser einen Frühschoppen machen.«

Dietmar entschied sich an der Küste für den Weg nach links, von dort ging es über einen Trampel- und Wanderpfad ins Naturschutzgebiet, weg vom Campingplatz, weg von den Hütten.

Nach einer Weile hörte er das Kreischen der Adler. Irgendwo über ihm mussten sie kreisen, es wurde Zeit, dass er aus dem Waldstück herauskam und eine bessere Sicht hatte. Schon bald hatte Dietmar die Steilküste erreicht. Das Achterwasser glänzte im Licht der aufgehenden Sonne vor ihm. Noch warf der steile Küstenabschnitt mächtige Schatten. Und dann sah er ihn. Wie ein Pfeil schoss der mächtige Adler vor ihm ins Wasser und stieg mit einem Fisch in den Krallen auf. Dietmar blieb vor lauter Freude fast das Herz stehen. Deswegen war er hier, nur deswegen. Vielleicht hatte er Glück und würde genau dieses Schauspiel ein weiteres Mal zu sehen bekommen.

»Na, haste voll deine Viecher gesehen?«, krähte Kalles schrille Stimme durch den Morgen.

Dietmar strauchelte und wäre vor Schreck beinahe die Klippe hinuntergestürzt. »Hast du mich erschreckt. Kannst du nicht leise sein? So sieht man ganz sicher keinen Vogel.« Dietmar machte einen Schritt von der Klippe weg. »Ich will noch zum Schilfgürtel. Bitte lass mich in Ruhe. Wir können doch später ein Bier zusammen trinken.«

Kalle aber gab keine Ruhe. »Ich komme mit. Nicht, dass dich der Adler voll verspeist.«

Manni glaubte am nächsten Morgen, seinen Augen nicht zu trauen. Der Typ neben ihm im Womo war Kalle. Dieser Schuft. Ob hier auf Usedom die Beute lagerte, und er sie nun rasch sichern musste, jetzt, wo Manni auf freiem Fuß war? Hatte er sich tatsächlich das Entlassungsdatum gemerkt? Dann stand sein Kumpel nun arg unter Druck, alles vor ihm, Manni, in Sicherheit zu bringen. Dass er nicht gleich darauf gekommen war! Die Haftzeit hatte seine Sinne abgestumpft. Auf Usedom also. Na warte, wo genau die Beute lag, das würde er aus Kalle schon noch herauskitzeln. Und wenn er es ihm nicht verriet … Manni machte sich auf den Weg.

Kalle sah sich ständig um. Dietmar machte das Gehabe völlig nervös. »Kannst du mal aufhören, eine solche Unruhe zu verbreiten? Du verscheuchst jede Ameise damit. Geh lieber zurück!«

»Ach ne, Dietmar. Voll besser nicht.« Kalles Stimme hatte einen anderen Klang als sonst.

»Du verschweigst mir was. Warum folgst du mir am frühen Morgen? Und ich sehe es dir an, Kalle. Du hast Schiss.«

Kalle packte Dietmar am Arm. Mittlerweile hatten sie Möwenort erreicht. »Ich werde verfolgt. Ich kann jetzt voll nicht allein sein.«

»Verfolgt?« Dietmar schüttelte den Kopf. Kalle war ja völlig durchgeknallt.

»Ja, wegen so einer alten Sache. Weißt du, vor ein paar Jahren, da hab ich mal voll richtig Scheiße gebaut. Das Womo, weißt du, das Womo hab ich von dem Geld gekauft. Also von einem Teil des Geldes.«

Dietmar schnellte herum. Kalles zwielichtige Freunde, Kalles plötzlicher Sinneswandel. Seine angebliche Erbschaft von »Omma«. Alles ergab mit einem Mal einen Sinn. »Es gibt noch Beute, und dein Teilhaber will wissen, wo du sie versteckt hast«, schlussfolgerte Dietmar.

Kalle nickte. »Der saß voll im Knast. Ich nicht. Und der andere …« Sein Kumpel formte mit der Hand eine Pistole und drückte ab. »Die Bullen waren nicht zimperlich, aber ich bin auf und davon.«

»Ach du Scheiße«, entfuhr es Dietmar. »Weiß der Mann, wo du jetzt bist?«

Kalle nickte. »Er steht seit gestern Abend mit seinem Camper neben mir. Ich habe ihn gleich voll erkannt, als ich kurz rausgeschaut habe.« Er umkrallte Dietmars Unterarm. »Du bist mein Freund, du musst mir helfen!«

Dietmar schüttelte bedächtig den Kopf, sagte aber: »Da bleibt mir wohl nichts anderes übrig. Wo hast du denn die Beute?«

Kalle zog ihn dicht heran und flüsterte: »Am Megalithgrab 66.«

»Na dann, nichts wie hin«, raunte Dietmar. Er überlegte, und in Windeseile formte sich in seinem Kopf ein Plan. »Wir holen das Zeug, und ich haue mit dem Kram ab. Mich kennt dein ehemaliger Kumpel ja nicht. Du musst dich eine Weile dünnemachen. Gib mir deinen Schlüssel, ich komme mit deinem Womo nach Netzelkow, von dort kannst du direkt über Wolgast abhauen.«

Kalle blieb sowieso keine Wahl, er musste Dietmar vertrauen und hoffen, dass Manni dem Wohnmobil nicht hinterher düste.

Manni sah, wie Kalle mit einem anderen Mann debattierte. Na warte, du Schwein, dachte er. Dich kriege ich und dann biste dran. Er heftete sich an die Fersen der beiden, achtete allerdings darauf, dass sie ihn nicht entdeckten. Er konnte sich schon denken, was Kalle plante, aber diese Suppe würde er ihm gewaltig versalzen. Es ging eine Weile durch die Felder, immer in Richtung Netzelkow. Schließlich erreichten sie einen Hain, wo sich das Großsteingrab befand. Kalle hockte sich neben einen der großen Steine und begann hektisch zu schaufeln, bis er eine Schatulle in den Händen hielt, die er seinem Gegenüber zusteckte. Sie verabschiedeten sich rasch voneinander. Kalle eilte weiter nach Netzelkow, der andere Mann wandte sich um und kam den gleichen Weg zurück.

Manni ahnte, was sie vorhatten, nur hatten sie die Suppe ohne ihn gekocht. Er rieb sich die Hände. Wenn Kalles Komplize auf diesem Weg zurück zum Campingplatz ging, würde er unweigerlich an den Klippen vorbeikommen … »Voll gut, Kalle. Voll super«, flüsterte Manni.

Dietmar fühlte sich unwohl. Kalle schaffte es immer wieder, ihn in unmögliche Situationen zu bringen. Nun brachte er tatsächlich für ihn wertvolles Diebesgut beiseite. Was war, wenn ihn doch jemand erwischte? Nachher ging er für Kalle in den Knast, so wie es zuvor der andere Mann getan hatte. Kalle hatte keinerlei Skrupel. Er liebte nur sich selbst. Dietmar beschleunigte seinen Tritt. Bloß rasch weg hier, ab in Kalles Wohnmobil, und dann war die Sache erledigt.

Schon bald war er aus der Puste und musste das Tempo drosseln. Er kämpfte sich den Weißen Berg hinauf, die Schatulle dicht an seinen Bauch gepresst. Oben angekommen blieb Dietmar atemlos stehen. Als er sich umdrehte, erkannte er einen Mann, der ihm gefolgt war. So früh am Morgen waren normalerweise kaum Leute unterwegs, die Besucherströme ergossen sich erst im Lauf des Tages über die Pfade. Dietmar beunruhigte seine Anwesenheit. Hatte der Wohnmobilnachbar Kalle doch erkannt und sie beobachtet?

Dietmars Atem hatte sich noch nicht beruhigt. Er wollte weitergehen, nur begannen nun auch noch seine Beine zu zittern. Der Mann schien eine bessere Kondition zu haben, er eilte in unverminderter Geschwindigkeit geradewegs auf Dietmar zu.

Kurz darauf baute er sich in voller Größe vor ihm auf. Er überragte ihn um einen Kopf und war etwa doppelt so breit. Der Mann positionierte sich so vor ihm, dass eine Flucht schier unmöglich war. »Die Schatulle«, stieß er hervor.

Dietmar traf ein Tropfen Speichel, den er mit dem Handrücken abwischte.

»Die Schatulle!«, wiederholte der Mann, packte Dietmars Arm und entwand ihm die Schachtel mit einem gezielten Griff. »So, Freundchen. Wenn ihr beiden meint, ihr könntet mich verarschen, dann habt ihr euch geschnitten. Kalle bekommt sein Fett auch noch weg, aber jetzt bist du Küchenschabe erst dran. Meinst du, du könntest abstauben, ohne dir die Finger schmutzig zu machen, was?«

»Ich helfe Kalle nur, will nichts von der Kohle. Ich bin auf dem Gnitz, weil ich die Adler beobachten will.«

»Adler? Dass ich nicht lache.« Der Mann sah zum Himmel. »Ja, da oben segeln sie. Nimm sie als letzten Anblick mit, bevor du in die Hölle saust. Da fliegen sie nämlich meiner Erkenntnis nach nicht.«

Dietmar spürte, wie der muskulöse Kerl ihn anhob und über das Holzgeländer drückte. An dieser Stelle ging es steil hinunter, den Aufprall würde er nicht überleben. Dennoch war Dietmar ganz ruhig. Er konnte an der Situation nichts ändern, er war »voll in die Falle« geraten.

Dietmar wurde gestoßen und flog hinterrücks die Klippen hinunter in Richtung Achterwasser. Äste schlugen ihm ins Gesicht, er hörte das leise Klatschen der Wellen an den Strand. Und er sah die Schwingen des großen Seeadlers, als er auf dem schmalen Sandstück vor dem Wasser aufprallte.

Kalle hatte es eilig. Nur noch wenige Hundert Meter, und er hatte die Kirche von Netzelkow erreicht. Dort wollte er warten, bis Dietmar ihm sein Womo brachte. Das würde eine Zeit dauern, denn er brauchte eine Weile, ehe er zurück zum Campingplatz gelangte. Seine Idee war voll genial. Kalle war sicher, dass sie von niemandem verfolgt worden waren. Von Manni drohte keine Gefahr, den bekam keiner vor zehn Uhr aus dem Bett. Es war Zufall gewesen, dass er ihn bei seinem morgendlichen Gang zur Toilette gesehen hatte.

Bald waren alle Perlen und Diamanten auf dem Festland. Ja, Kalle war ein Fuchs, und er wurde auch mit solchen Schwierigkeiten problemlos fertig.

Kalle wartete eine Stunde. Und noch eine. Die Glocken, an deren Überbau ein Schild angebracht war, dass er sie nicht einfach schlagen durfte, hatte er wohl schon zum 100. Mal gelesen. Nach der zweiten Stunde war er davon überzeugt, übers Ohr gehauen worden zu sein. Das hätte er Dietmar voll nicht zugetraut. Der blöde, zahme Dietmar war ein ebensolcher Betrüger wie er selbst. Missmutig schlich Kalle den Weg übers Feld zurück zum Campingplatz. Er bemühte sich, nicht aufzufallen, doch das wäre er sowieso nicht, denn die Menschen standen mit betretenen Gesichtern dicht beisammen und diskutierten.

»Abgestürzt, ganz unglücklich abgestürzt«, hörte er. »Der wollte bestimmt Vögel beobachten und hat nicht achtgegeben.«

Kalle beschlich ein mulmiges Gefühl. Er näherte sich seinem Stellplatz. Seines und Dietmars Wohnmobil standen noch da. Mannis fehlte.

FREIZEITTIPPS

58 **Vogelinsel Görmitz**
Die kleine Insel liegt im Achterwasser. Sie ist für den Autoverkehr gesperrt, aber Wanderer und Radler sind zugelassen. Die Insel ist etwa 160 Hektar groß und zum größten Teil Naturschutzgebiet, weshalb sich hier viele Tier- und Vogelarten tummeln.

59 **Fischerort Netzelkow**
Netzelkow ist ein gemütliches Dörfchen, wo sogar die Hühner auf der Straße spazieren gehen. Viel zu sehen gibt es nicht, und doch hat das Dorf Flair. Neben der Kirche befindet sich zum Beispiel ein kleines »Modecafé«, ein Teil der flachen Häuser ist reetgedeckt, und Steinwälle prägen das Ortsbild. Netzelkow ist der Ausgangspunkt zum Steingrab, aber man muss sich schon auf ein Stück Weg durch endlose Wiesen gefasst machen, bis man den kleinen Hain mit den Steinen erreicht. Parken kann man sehr gut an der Kirche. Netzelkow hat auch einen Hafen. Dabei handelt es sich um einen alten Erdölhafen, dessen Anlagen teilweise noch erhalten sind. Hier ist es möglich, sein Wohnmobil gegen Gebühr zu parken. Ein erstklassiger Blick auf das Achterwasser und die alte Erdölhafenanlage ist garantiert. Im Restaurantschiff wartet eine prima Küche auf die Gäste. Das hausgemachte Gulasch und der fantastische Kartoffelsalat sind einen Besuch wert. Bedient wird der Gast von einem echten »Seebär«, und so wird das Essen zum Erlebnis. Es gibt Außen-und Innenplätze.

60 Kirche Netzelkow

Die aus dem 15. Jahrhundert stammende Kirche in Netzelkow liegt auf einer Wiese am Achterwasser, von einem Steinwall geschützt. Die zwei Glocken sind unter einem Holzstand angebracht, allerdings mit dem Warnhinweis, sie nicht unerlaubt zu betätigen. Sie sollen nur zum Einsatz kommen, wenn der Gottesdienst beginnt oder die Bevölkerung vor Gefahren gewarnt werden soll. Der kleine Backsteinbau hat einfach etwas Gemütliches. Im Inneren ist der Sarkophag des Barons von Lepel zu besichtigen. Der Baron diente preußischen Herrschern und nahm an etlichen großen Kriegen teil. Bis auf den Sarkophag ist die Kirche schlicht gestaltet. Die Orgel stammt aus dem Jahr 1860.

61 Weißer Berg

Der 32 Meter hohe Weiße Berg gehört zu den bezauberndsten Ecken der Halbinsel und ist Teil des Naturschutzgebietes. Deshalb bitte an die Wege halten und die Uferschwalben in ihren Bruthöhlen keinesfalls stören und die Hinweisschilder zur Bedeutung dieses Naturschutzgebietes genau beachten.
Die einzigartigen Spazierstrecken rund um den Weißen Berg sollte man sich auf keinen Fall entgehen lassen. Beginnend am Campingplatz ist eine Tour zum Weißen Berg zu empfehlen. Von dort besteht auch die Möglichkeit, eine verlängerte Rundwanderung über Lütow zu machen. Vom Weißen Berg aus hat man einen grandiosen Blick auf die Krumminer Wiek. Am Fuß des Weißen Berges ist es möglich, an

schmalen sandigen Badestellen zu baden. Meist führen dorthin Treppen hinunter. Wandert man weiter in Richtung Möwenort, durchquert man zunächst ein Waldgebiet. Später kommt man an idyllischen Tümpeln vorbei, die den Fröschen als Laichplätze dienen.

62 Möwenort
Möwenort liegt an der Spitze von Gnitz und gehört ebenfalls zum circa 61 Hektar großen Naturschutzgebiet. Charakteristisch ist eine ausgedehnte Magerrasenfläche. Gerade im Frühjahr und im Sommer bietet sich dem Betrachter ein einzigartiges Farbenmeer. Weißdornbüsche und knorrige Kiefern lockern die Wiese auf. Da Möwenort immer mal vom Wasser überflutet wird, hat sich hier eine Salzwiesenlandschaft gebildet. An der Spitze von Möwenort besteht außerdem die Möglichkeit zum Baden. Am Möwenort stehen auch Holzbänke, die zum Picknicken einladen.

63 Schilfgürtel Achterwasser
Verlässt man Möwenort in Richtung Lütow, kommt man durch eine verwunschene Gegend. Das Achterwasser ist hier sehr verschilft, wenn der Wind hindurchstreift, raschelt es gespenstisch. Knorrige Bäume, teilweise entwurzelt und quer über dem Weg liegend, lassen das Gefühl von unberührter Natur aufkommen. Die Wanderung wird keiner bereuen. Die umgestürzten Baumriesen sind außerdem erstklassige Fotomotive.

64 Galerie-Gartencafé

Ein uriges Café ist kurz vor Lütow zu finden. In einem sehr natürlich gehaltenen Garten stehen ein paar Stühle und Bänke, ein alter Baum mit Jagdtrophäen dient als Blickfang. Das Café setzt auf Selbstbedienung und selbstgebackenen Kuchen, der ausnahmslos fantastisch schmeckt. Aber auch kleine Snacks werden angeboten. Als Fensterdeko dienen handgestrickte Socken, außerdem kann der Gast gestrickte Stulpen und selbst gewebte Jacken als Unikate erwerben. Hier sollte man unbedingt Rast machen und einkehren.

65 Naturcamping Lütow

Campern, die es einfach und naturnah mögen, sei der Naturcampingplatz in Lütow ans Herz gelegt. Der Platz ist weitläufig in einem Wald direkt an der Krumminer Wiek angelegt, hat aber auch sonnige Plätze. Im Sommer wird man vom Vogelgesang und dem Summen der zahlreichen Bienen und Hummeln geweckt. Ein paradiesisches Fleckchen Erde. In Kauf zu nehmen sind allerdings die eher einfachen Sanitäranlagen. Vom Campingplatz aus ist eine Wanderung zum Weißen Berg bis Lütow zu empfehlen. Mit etwas Glück sitzt man am Abend vor dem Wohnmobil oder Wohnwagen und sieht über sich die Seeadler kreisen.

66 Megalith- oder Großsteingrab

Das Megalithgrab liegt auf dem Weg zwischen Netzelkow und Lütow versteckt in einem Eichenhain. Es stammt vermutlich aus dem Jahr 3000 vor

Christus, ist etwa 17 Meter lang und sechs Meter breit. Leider ist es unvollständig, weil die Deckplatte fehlt.

6. KOSEROW

Koserow zählt zu den ältesten Orten auf Usedom und wurde schon 1347 urkundlich erwähnt. Der Ort entwickelte sich nur zögerlich zum Badeort, gilt aber heute als Geheimtipp für einen wunderbaren Urlaub mit vielseitigem Drumherum. Bei Koserow liegt der Streckelsberg, dessen Aussicht phänomenal ist und der unbedingt erklommen werden sollte. Außerdem befinden sich hier eine kleine Seebrücke und zahlreiche Fischräuchereien direkt am Strand. Daneben gelegen ist das Salzhüttendorf, mitten im Ort steht die sehenswerte Kirche, wo im Sommer im Rahmen der Reihe »Klassik am Meer« Konzerte, Lesungen und Aufführungen klassischer Werke stattfinden. Mit Lüttenort und dem Otto-Niemeyer-Holstein-Gedenkatelier punktet der Ort zusätzlich. Historisch kann Koserow auch mit zwei großen Highlights aufwarten. Allen voran mit der von hier stammenden Vineta Sage, soll die alte Stadt Vineta doch vor Koserow gelegen haben. Bekannt geworden ist der Ort aber auch über das Buch »Die Bernsteinhexe«, das der Koserower Pfarrer Wilhelm Meinhold 1843 nach historischen Kirchenbüchern verfasst hat und überaus lesenswert ist, selbst wenn man es nur noch über das Antiquariat beziehen kann. Die unglaublich faszinierende Thematik schlägt auch heute noch den Leser in ihren Bann.

Koserow braucht sich als Seebad wahrlich nicht zu

verstecken. Wer Ruhe, einen weitläufigen Strand und viele andere Aktivitäten sucht, ist hier bestens aufgehoben.

Mehr Infos:
Kurverwaltung Koserow
Hauptstraße 31
17459 Koserow
Tel: 038375/20415
E-Mail: KV-Koserow@t-online.de
www.seebad-koserow.de

SCHULDIG

Ich kann nichts dafür, dass ich tun musste, was zu tun war. *Du hast selbst Schuld.* Erst dachte ich, du bist die Frau meines Lebens. Nach der unbeschreiblichen Nacht, die wir zusammen verbracht haben. Ich dachte, du tust *alles,* um bei mir zu sein, weil auch ich dir das Wichtigste bin. Aber für *dich* hatten deine Kinder immer den größeren Stellenwert. Und nun stehe ich vor deinem Grab und weiß mit meinen Gefühlen nicht wohin. Du hast mich verhext, du Bernsteinhexe! Deshalb hast du dein Schicksal verdient.

Du bist ein Monster, Andre. Ein gottverdammtes Monster. Scher dich zu Teufel und lass mich in Ruhe. Du hast bekommen, was du wolltest. Mein Leben! Dabei wusstest du genau, dass ich nicht einfach so gehen konnte. Ich habe Verantwortung gehabt, und das zwischen uns hätte langsam wachsen müssen. Du aber hast schon nach so kurzer Zeit auf eine Entscheidung gedrängt, mich mächtig unter Druck gesetzt. Dem konnte ich nicht sofort nachgeben. Ich dachte, wir sollten uns erst langsam kennenlernen. Immerhin hätte es doch auch dein Leben massiv verändert!

Kennenlernen? Wie denn? Dir waren deine Kinder immer wichtiger. Entweder hatten die Husten oder Schnupfen.

Oder der Kindergarten war zu. Ich wollte dich jeden Tag sehen, wäre kilometerweit gefahren. Und du?
»Mehr als zweimal in der Woche kann ich nicht.«
»Nur ein Stündchen, der Miki hat so einen Husten!«
»Ich muss ein Alibi haben, sonst merkt es mein Mann!«
Es war lächerlich, Luise. Ganz lächerlich, was du da abgezogen hast. Wie soll man sich da kennenlernen? Für deine Kinder und deinen Kerl hast du stets Zeit gehabt. Und für mich?

Es sind Kinder, und sie brauchen ihre Mutter, eine Familie. Ich musste eben vorsichtig sein. Nichts überstürzen. Schließlich war es doch auch wichtig, mir selbst über meine Gefühle klar zu werden. Ich konnte ja gar nicht mehr richtig denken, so sehr hast du mich verwirrt. Glaube mir, ich habe es ernst mit dir gemeint, ich bin keine sprunghafte Frau, nur ist es wichtig, sich eine solch schwerwiegende Entscheidung wie ein gemeinsames Leben, eine gemeinsame Wohnung und all das gut zu überlegen. Das hättest du verstehen müssen. Und dann entpuppst du dich als Mörder, der mich tötet, weil er mich nicht beherrschen konnte. Der sogar meine Kinder als seine Feinde sieht. Was wäre das für ein Leben an deiner Seite geworden?

Deine Kinder hätten sich schon gefügt, genau wie dein Mann. Man müsste sie halt vor vollendete Tatsachen stellen. Du erziehst deine Gören falsch, wenn du nicht dein Leben lebst, sondern ständig Rücksicht auf sie nimmst.

Ich lach mich gleich tot, Andre. Ich lebe nun gar nicht mehr. Vergessen?

Du warst ja schon vorher tot. So ein großer Unterschied ist es gar nicht.

Was bist du für ein Mensch? Ich habe mir eben Gedanken über andere gemacht, wollte meine Familie für mein eigenes Glück nicht leichtfertig zerstören. Ist das so schwer zu verstehen?

Verständnis für andere. Diese Eigenschaft fehlt dir völlig. Und weißt du was? Ich ahnte die ganze Zeit, dass mit dir etwas nicht stimmt, konnte es nur nicht zuordnen. Und diese innere Stimme hat mich daran gehindert, dich wirklich an uns heranzulassen und eine Entscheidung für uns zu fällen. Genau daran sind meine Gefühle zu dir gescheitert.

Du hast meine Gefühle verletzt, mir das Herz gebrochen. Ich habe so oft an dich gedacht, dich so sehr vermisst, wenn du nicht da warst. Und jetzt stehe ich an deinem Grab und kann nicht einmal weinen, so schmerzhaft ist das.

Andre! *Du* hast *mich* getötet! Warum rede ich überhaupt mit dir?

Du hast es geschafft, mich dahin zu bringen. Du bist schuld! Nicht ich!

Entschuldige, wenn ich dich verletzt habe, aber ...

So gefällst du mir schon besser. So einsichtig. *Du* hast mich dazu getrieben, genauso ist es! Gut, dass du deine Fehler erkennst. Ich habe keine Schuld, weder am Scheitern unserer Beziehung noch an deinem Tod, auch wenn du das gern so sehen möchtest, weil du immer einen Schuldigen brauchst. Ob ich dir je verzeihen kann, weiß ich nicht, denn du bist eine Schlampe. Hast mich heißgemacht und dann gekniffen. Ich habe nicht vergessen, wie wir uns damals am Fischerstrand 67 in Koserow begegnet sind. Du bist durch den feinen Sand gelaufen, dein buntes Tuch war in dein Haar geschlungen, und die Schuhe hast du in der Hand gehalten. Danach haben wir in den Salzhütten 68 ein Räucherfischbrötchen gegessen. Es war so wunderbar, und du hast alles kaputtgemacht.

Moment, Andre! Du hast das Brötchen gekauft und dich gewundert, dass ich es nicht essen mag. Weil du *immer* einfach tust und nie fragst, ob es dem anderen auch gefällt. Du kochst so sehr in deinem eigenen Saft, dass dir die Antennen für andere fehlen. Ich mag keinen Fisch!

Natürlich habe ich Antennen und denke immer an andere. Ich bin ein ganz Lieber. Immerhin bin ich mit dir in diese Kirche 69 gegangen, weil du unseren ersten Kuss dort besiegeln wolltest. Göttlichen Beistand brauchst du, war dein Argument! Anschließend hast du zwei Teelichter aus der Tasche gezogen, wir haben sie im Sand am Strand angezündet und ein Herz drum herum gemalt und uns noch einmal geküsst. So einen romantischen Mist, obwohl ich echt nicht darauf stehe! Und du redest von mangelnder Empathie? Trotzdem war ich mit, auch wenn ich echt nicht auf diesen Kitsch mit Kerzen und Herzen stehe. Außerdem bin ich alles, aber kein Kind Gottes, das sich in seinen alten Gemäuern rumtreiben muss. Ich hasse Kirchen, denke, dass Gott mich nicht wirklich mag.

Stopp, mein Guter! Ich hätte den Beistand durchaus gebraucht, sonst läge ich jetzt nicht hier in diesem Grab. Du bist ständig ausgeflippt, wenn mal was nicht nach deiner Nase lief. Als ich dir zum ersten Mal widersprochen habe, hast du gezeigt, *wie* unbeherrscht du wirklich bist. Du bist schon wieder völlig neben der Spur und verlierst dich in deiner Selbstherrlichkeit. Nun erkläre mir mal bitte, wenn man mal von diesem Mord an mir absieht, warum du kein Kind Gottes sein konntest? Soweit mir bekannt ist, hast du zuvor niemanden umgebracht. Obwohl mich das im Nachhinein wundert, nach dem, was ich mit dir erleben durfte. Du bist ein total aufbrausender Typ!

Weil ich nicht gut genug bin für den himmlischen Vater, bin ja eher ungehorsam und hinterfrage den alten Herrn. Ich finde, seine Gebote hätten mal ein Update nötig. Das ist alles. Wäre ich Gott, hätte ich die Fehler im System längst erkannt.

Wenn du Gott wärst? Als du mich umgebracht hast, fühltest du dich so wie er, oder was?

Ich bin eben anders, als die anderen Menschen auf dieser Welt.
… allein.

Allein, ja das bist du wirklich. Mutterseelenallein! Danke, das war das erste Mal, dass ich hinter deine Fassade blicken durfte. Mit diesem einen Wort. *Allein.* Deine Stimme klingt komisch, weil deine Seele blutet. Wer hat dich zu diesem Monster gemacht?

Weißt du was? Du tust göttlich und überheblich, stark und selbstbewusst und bist in Wirklichkeit noch ein kleiner Junge, dem man sein Spielzeug weggenommen hat. Und das musste ich mit meinem Leben bezahlen. War es das wert, Andre? War es das?

Mich hat keiner zu etwas gemacht! Und das mit dem Alleinsein eben hast du falsch verstanden. Ich bin gar nicht allein, habe viele Freunde. Das hab ich so gar nicht gesagt. Also sei jetzt still.

Hast du wohl so gesagt. Du *bist* noch immer der kleine Junge. Und ich sollte dir das ersetzen, denn du suchst und suchst … und findest es nicht. Und weil ich deine Suche auch nicht vollenden konnte, bist du am Ende ausgeflippt. Deshalb liege ich hier in der modrigen Erde.

Luise, du gehst mir auf die Nerven. Warum kannst du dich überhaupt in mein Leben einmischen, wo ich dich doch eliminiert habe? Ich brauche von niemandem Liebe, von dir schon gar nicht, sonst würdest du da unten nicht langsam verrotten, sondern noch leben. Ich brauch dich nicht mehr!

Du hast mich wie Abfall weggeworfen, weil ich deinen Vorstellungen nicht entsprochen habe. Und selbst jetzt, wo ich nicht mehr da bin, wirst du aggressiv, wenn man dich in die Ecke drängt. Du bist krank, Andre. Ein krankes, gefühlskaltes Monster.

Halt die Klappe! Ich hau sowieso ab.

Du wirst mich trotzdem nicht los, weil du dein armseliges Leben nicht im Griff hast, sondern nur deine Maske wieder neu zurechtrückst.

Mein Leben ist absolut super, wie es ist. Ich fühle mich sauwohl damit. Du kannst mir ja nichts mehr sagen, verschone mich mit solchen Sprüchen! Klingt immer gut, jemandem eine Maske zu unterstellen. Nenn mir einen Menschen, der sie nicht hat!

…

Jetzt sagst du nichts mehr, weil du nicht weiter weißt. Du bist eben dumm. Deshalb bist du ja auch tot. Ich mag nicht mit dummen Menschen zusammen sein.

Falsch, Andre! Ich schweige, weil es sinnlos ist, mit dir zu diskutieren. Manchmal glaube ich, dass du selbst nicht weißt, was du so den ganzen Tag lang erzählst. Ich habe wirklich versucht, dich zu verstehen und auf dich zuzukommen. Weißt du noch im Autokino **70**? Da hab ich dir gesagt, dass ich dich liebe.

Weiß ich noch.

Hätte mir gewünscht, du hättest mir das auch sagen können. Aber da kam nur ein aus der Nase gezogenes »Hab dich lieb.« Trotz all deiner Sprüche! Es klafft ein großer Unterschied zwischen »Ich liebe dich« und »Ich hab dich lieb«. Für ein »Hab dich lieb« konnte ich mein Leben nicht über den Haufen werfen, meinen Kindern einen neuen Partner vorstellen und was komplett Neues beginnen. So einfach war das, Andre!

Du hättest dich sowieso nicht für mich entschieden. Ruft eines deiner Kinder, lässt du alles stehen und liegen. Du bist eine Glucke, eine gottverdammte, nervige Glucke. So werden die Kinder nie selbstständig. Meine Mutter hat mich auch mal auf die Nase fallen lassen. Da gab es ein paar hinter die Ohren, und die Welt drehte sich wieder sauber in ihrer Laufbahn. Und was tust du? Versuchst, sie ständig neu auszutarieren.

Was weißt du denn von Kindererziehung? Besser, du hast nicht zu allem eine Meinung.

Ich weiß halt viel.

Mir kommt die Galle hoch.

Ich habe erwartet, gehofft, dass du dich für mich entscheidest, dein Kerl und die Kinder hätten das schon geschluckt, und wenn nicht, wäre es ihr Problem gewesen. So einfach können sich Dinge darstellen.

Mir bleibt die Luft weg bei deiner Kaltschnäuzigkeit. Wie schaffst du es nur, die Dinge ständig so zu drehen, dass ich mich falsch und schlecht fühle? Sogar jetzt im Jenseits gelingt es dir noch.

Das zeigt einfach, dass ich im Recht bin. Sieh es doch mal so.

Du hast nichts, wirklich gar nichts getan, um mir auch nur einen Hauch von Sicherheit zu geben. Du wolltest Sex mit mir, aber keine Beziehung, und gleichzeitig wolltest du mein gesamtes Leben dominieren. Ich bin hin und her gerissen gewesen zwischen diesen beiden Polen, die sich ständig abgestoßen haben und wo auch nichts passte. Weißt du, wovor ich mich die ganze Zeit gefürchtet habe? Dass ich deinen Beteuerungen nachgebe, dir glaube, wie wichtig ich für dich bin, und dass du einen gepflegten Rückzug antrittst, wenn du dein Ziel erreicht hast. Gewonnen, die Alte rungekriegt und auf zu neuen Ufern, die es zu erobern gilt. So, wie du es vor mir auch immer getan hast.

Von hier sieht man die Dinge noch klarer. Du hast mich nicht geliebt, sondern den Zustand der Eroberung! Du bist ein Jäger, sonst nichts. In Wahrheit habe ich dir nie etwas bedeutet.

...

Das Schweigen im Walde vom großen göttlichen Andre. Du widerst mich an! Der einzige Vorteil, den ich sehe, ist: Ich kann dir jetzt endlich sagen, was ich denke. Ich will nie mehr vor dir kuschen, du hast mir ja sowieso alles genommen. Und meiner Familie auch.

Na los, Andre: Erzähl mir von deiner Mutter! Oder war es die böse Oma? Vielleicht sehen wir dann klarer. Haben sie dich als kleiner Junge eingesperrt? Hatte sie nie Zeit für dich?

Lass meine Familie aus dem Spiel. Ich besuche sie immer noch.

Das ist ja nicht die Frage. Wie ist es, wenn man sich das Knie aufschlägt, und keiner tröstet einen. Oder, wenn man von einem Albtraum heimgesucht wird und einen keine warmen Arme umfassen. Sie waren nie für dich da, das ist der Punkt. Deshalb traust du keiner Menschenseele und kommst mit Frauen nicht klar. Deshalb musst du alles zerstören, denn dich treiben Angst und Wut durchs Leben. Du suchst dir stets Frauen, die du nicht haben kannst, weil sie vergeben sind oder es sonst schwierig ist. Du kämpfst um sie, bis sie dir ergeben sind, und dann lässt du sie fallen, um dich einem neuen Projekt zu widmen. Ich aber habe nicht mitgespielt und deshalb liege ich nun unter der Erde. So einfach ist das, Andre. So einfach.

Ach Quatsch …

Jetzt hörst du mir einfach mal zu, als ich noch lebte, hast du das ja nie getan. Tatsache ist: Du liebst nicht einmal dich selbst, das gibst du nur vor. Du bist völlig allein auf der Welt, hast keinen, der dir wirklich nah ist, und missgönnst es anderen, wenn sie lieben können. Weißt du was? Du warst eifersüchtig auf meine Kinder, auf meine Familie, und es erfüllt dich mit Freude, dass sie nun genauso einsam sind, wie du es zeit deines Lebens warst.

Blödsinn. Ich habe viele Freunde. Einsamkeit kenne ich nicht …

Du bist eine schöne Hülle, deine Seele ist umgeben mit einer harten Schale, die kein Mensch mehr zu knacken vermag.

Ich würde dich wieder den Streckelsberg 71 hinunterstoßen, wenn ich diese Sprüche höre!

Es ist zwecklos, mit dir zu reden, sag ich doch. Das war es immer.

Mein Gott, jeder muss selbst im Leben klarkommen. Indianer kennt keinen Scherz. Zähne zusammenbeißen und durch …

»Das wird schon, Andre!« Kann es mir lebhaft vorstellen. Das wird schon, und weg waren sie, deine Mutter, deine Oma. Dein Papa.

Halt den Mund! Halt deinen Mund! Du bist tot! Du kannst das alles gar nicht sagen! Halt den Mund …

He, lass meinen Grabstein stehen. Das nützt dir auch nichts, wenn du hier randalierst! Hör auf, Andre! Ja, ich bin schon tot. Mausetot dank dir. Aber du wirst mich nie mehr los, du bist ein Mörder! Nun hör auf, an dem Stein zu wackeln. Den haben meine Kinder ausgesucht. Er ist einem Motiv aus Lüttenort 72 nachempfunden.

Warum kann ich mich mit dir überhaupt unterhalten, warum verfolgst du mich?

Weil dir dein Gewissen keine Ruhe lässt. Du hast mich kaltblütig ermordet, weil ich dich verlassen habe.

Ich würde es wieder tun! Immer wieder. Weil …

… weil ich meinen Kindern das gebe, was du nicht hattest. Das ist es doch, oder? Nun hör endlich auf, gegen den Grabstein zu treten! Gleich kommt der Friedhofswärter, und dann bekommst du richtig Ärger!

Ich wollte das nicht, verdammt. Ich wollte dich wirklich! Du … du hast mir Liebe gezeigt. Liebe! Ich wusste ja nicht mal, was das ist. Aber die Kinder und dein Kerl haben über mir gestanden. Über *mir*! Jetzt aber haben sie auch nichts mehr! Genau wie ich. Du bist weg, und sie sind allein. Das ist nur fair.

Ja, sie sind allein. So, wie du es immer warst. Du tust mir leid mit deinem Hass gegen dich selbst. Deiner Wut gegen die Welt. Du bist schlau und nach außen hin angepasst. Niemand wird dich je für deine Tat belangen. Du kannst von Glück sagen, dass wir in der Ewigkeit nicht hassen können. Dann hättest du die Hölle auf Erden. Aber das geht eben nicht.

Du bist eine Schlampe! Und *ich,* ich habe dich getötet! Eine *Heldentat*!

Jetzt hast du es geschafft, der Stein ist umgefallen. Was bist du nur für ein Mensch, Andre!

… Hallo, was wollen Sie? Lassen Sie mich los! Ich rede mit einer Toten, ja!
 Nein, ich habe sie nicht umgebracht, es mir nur gewünscht und mir ihre Geschichte ausgedacht. Sie ist ermordet worden? Aber ich war es doch nicht. Ich …

Leb wohl, Andre. Gott schütze die Welt vor dir!

FREIZEITTIPPS

67 Fischerstrand
Am Strand von Koserow, hinter den Salzhütten, liegen noch die Fischkutter im Sand und vermitteln einen Hauch von Romantik. Da sich dort auch die kleinen Fischräuchereien befinden, bietet es sich an, ein Brötchen mit frischem Räucherfisch zu kaufen, sich auf eine der Bänke oder sogar direkt an den Strand zu setzen und die Atmosphäre beim leisen Rollen der Wellen ans Ufer und dem ständigen Möwengeschrei zu genießen. Guten Appetit!

68 Salzhütten
Direkt am Strand, unweit der belebten Seebrücke, liegt das Salzhüttendorf. Diese Salzhütten stammen aus dem 19. Jahrhundert. Damals gab es 15 solcher Hütten. Sie dienten den Fischern als Lager während der Heringszeit, weil die Fische in diesen Hütten eingesalzen wurden. Anschließend bewahrten die Fischer sie in großen Holzfässern auf. Die Salzhütten stehen heute unter Denkmalschutz und sind ein attraktiver Anziehungspunkt für die Touristen. Man kann in den Salzhütten sogar heiraten. In den einzelnen Hütten findet man heute Ausstellungsstücke, die das Leben der Fischer darstellen, Souvenirläden und eine abwechslungsreiche Gastronomie.

69 Dorfkirche mit Konzerten
Die Dorfkirche ist an der Ostküste Usedoms wohl

die älteste ihrer Art. Es handelt sich um eine Feldsteinkirche aus dem 13. Jahrhundert. Im Sommer finden hier unter dem Titel »Klassik am Meer« Konzerte, Lesungen und Theatervorstellungen mit durchaus hochkarätiger Besetzung statt. Gottesdienst ist das ganze Jahr über jeden Sonntag.

70 Autokino

Kurz hinter der Abzweigung nach Koserow liegt das Autokino. Es ist in der Regel ab Mai geöffnet und bietet in den Sommermonaten ein abwechslungsreiches Kinoprogramm. Man fühlt sich um Jahre zurückversetzt. Autokino erinnert schließlich an die Zeit der 60er. Eine tolle Idee, das wieder aufleben zu lassen. Einen Besuch sollte kein Usedom-Urlauber versäumen.
Mehr unter:
Autokino Koserow
An der B111
17459 Koserow
Tel: 038377/42036
www.insel-kinos.de

71 Streckelsberg

Der 58 Meter hohe Streckelsberg bietet, wenn man ihn unter Anstrengung erklommen hat, einen imposanten Blick über die Küstenlandschaft. Zuvor durchquert man einen dichten Wald, dann geht es die letzten Meter steil bergauf bis zum Beobachtungsturm. Bei klarer Sicht kann man im Westen bis Rügen schauen. Sogar der bekannte Seeräuber Klaus Störtebeker soll im Streckelsberg einen Unterschlupf gefunden haben. Der Sage nach liegt hier auch die versunkene goldene Stadt Vineta.

72 Lüttenort/Otto-Niemeyer-Holstein-Gedenkatelier

Otto Niemeyer-Holstein wollte dem Treiben der Nationalsozialisten ausweichen und kreuzte immer häufiger mit seinem Segelboot übers Achterwasser. Als er an der schmalsten Stelle Usedoms mit seiner »Lütten« anlegte, beschloss er, hier sesshaft zu werden, kaufte einen S-Bahn-Waggon, den er nach Usedom bringen ließ und taufte sein neues Zuhause »Lüttenort«. Er war sowohl den Repressalien der Nazis als später des DDR-Regimes ausgesetzt, denn seine Kunst fand in beiden Systemen keine Zustimmung. Mit der Ausstellung in der Ostberliner Nationalgalerie gelang ihm 1961 schließlich doch der Durchbruch. Niemeyer-Holstein starb im Jahr 1984. Hinterlassen hat er das beeindruckende Gedenkatelier, das kurz vor der Abzweigung nach Koserow zu finden ist. Auf dem Weg dorthin findet man Schilder wie »Otterwechsel«, was wie ein indirekter Hinweis wirkt: In diesem Museum vereinen sich Kunst und Natur zu einem einzigartigen Ganzen.

Die gesamte Anlage des Künstlers ist absolut sehenswert, nicht nur für Kunstkenner. Zu besichtigen sind ein Klostergarten und der Japanische Garten, dazwischen stehen Skulpturen, und überall gibt es Dinge zu entdecken, die mit viel Liebe zum Detail eingearbeitet sind. Das Haus des Malers mit seinen Kunstwerken, die größtenteils hier entstanden sind, ist

auch zu besichtigen. Allerdings darf man die Anlage nur in Kleinstgruppen von 15 Personen betreten. Da vor dem Atelier nur begrenzt Parkplätze zur Verfügung stehen, empfiehlt es sich, die Abzweigung nach Koserow zu nehmen und auf dem dort ausgewiesenen Parkplatz zu parken.
Mehr unter:
Otto-Niemeyer-Holstein-Gedenkatelier »Lüttenort«
www.atelier-otto-niemeyer-holstein.de

7. KÖLPINSEE/LODDIN/ STUBBENFELDE

Die drei Ortsteile gehören zur Gemeinde Loddin. Kölpinsee und Stubbenfelde liegen direkt an der Ostsee an einem wunderbaren Strand. Während der in Kölpinsee barrierefrei zugänglich ist, muss man in Stubbenfelde eine sehr hohe Metalltreppe hinunterklettern. Von oben bietet sich ein fantastischer Blick über die Ostsee. Großartig ist der Campingplatz in Stubbenfelde mit erstklassigen Sanitäranlagen und Zugang zur Strandbrücke. Stubbenfelde hat einen eigenen Bahnhof für die Usedomer Bäderbahn.

Inmitten der beiden Ortsteile liegt der 34 Hektar große Kölpinsee (Kölpin kommt vermutlich aus dem Slawischen von Colpus = Der Schwan), der dem Badeort Kölpinsee auch den Namen gegeben hat. Auf dem See schwimmen etliche Schwäne; beim Bootsverleih kann man sich Boote in Schwanenform ausleihen.

Kölpinsee war früher ein Anwesen und wurde unter der Bezeichnung Colpin 1610 zum ersten Mal urkundlich erwähnt. Nachdem man 1911 die Eisenbahnlinie erbaut hatte, war es Kölpinsee möglich, sich weiter nach außen zu öffnen, und der Seebäderbetrieb konnte aufgenommen werden. Kölpinsee lebt von seiner Beschaulichkeit gepaart mit Modernität. Der Strand ist kinderfreundlich, und auch hier findet man immer mal wieder kleine Fischerboote am Ufer.

Der Ortsteil Loddin (Dorf an der Lachsbucht) reicht mit der Loddiner Höft bis zum Achterwasser und bietet ein ganz anderes Bild als Kölpinsee. Loddin erinnert eher an ein verwunschenes Fischerdorf und hat »Rosamunde-Pilcher-Charakter«. Von der Anhöhe aus kann man einen wunderbaren Ausblick über das Achterwasser genießen. Ein kleiner Bootsverleih mit reetgedeckter Gastronomie direkt am Ufer des Achterwassers lädt zum Verweilen ein. Wichtig für Loddin war immer schon der Bernstein, weshalb der Ort auch »Bernsteinbad« genannt wird.

Alle drei Orte befinden sich auf einer Landenge zwischen Achterwasser und der Ostsee.

Ach … und selbst Persönlichkeiten wie Willy Fritsch, Grete Weiser und Anny Ondra fühlten sich hier bereits sehr wohl.

Mehr Infos unter:
Kurverwaltung Seebad Loddin
Strandstraße 23
17459 Loddin
Tel: 038375/22780
E-Mail: info@seebad-loddin.de
www.seebad-loddin.de

ENDLICH MAL NACH AHLBECK

Das Fischerboot dümpelte über die Ostsee. Es trieb an der steilen Strandtreppe Stubbenfelde [73] entlang in Richtung Norden. Erst bemerkte keiner, dass es offensichtlich nicht mehr gesteuert wurde, aber dann schaukelte es unaufhaltsam auf den Strand von Kölpinsee zu. Die Wellen spielten mit dem Kutter, als langweilten sie sich und wären froh, endlich ein Spielzeug gefunden zu haben. Noch waren nur wenige Menschen am Strand, Anfang Mai war es häufig kühl und windig auf Usedom.

Meta Bluhm hatte wie jeden Morgen ihren Gang gemacht. Dazu umrundete sie täglich den Kölpinsee [74] und zählte die Schwäne, die dem Ort ihren Namen gegeben hatten. Colpus, der Schwan. Sie liebte die anmutigen Vögel, besonders, wenn sie mit aufgestellten Flügeln über den See glitten. Meta lief weiter am Campingplatz [75] vorbei und wartete dort, bis die Bäderbahn [76] in Richtung Swinemünde vorbeifuhr. Erst danach setzte sie ihre Runde am Trimm-dich-Pfad des Sees fort, bis sie den Strand wieder erreichte. Abschließend gönnte sie sich einen letzten Blick auf die Ostsee. Das Wenige, was nie konstant war, denn die Wellen schlugen immer unterschiedlich ans Ufer. Mal seicht und vorsichtig, dann wieder heftig und ungestüm. Am liebsten hatte Meta es, wenn Gischtkronen die Ostsee schmückten und der Wind sie in leichten Flocken verwehte.

Meta Bluhm hatte es sich zur Angewohnheit gemacht, ihren Alltag so zu strukturieren, dass sie alle Dinge stets zur gleichen Zeit erledigte. So wusch sie immer um halb acht ab, eine Viertelstunde später saugte sie das Haus. Deshalb bemerkte sie auch jede Veränderung sofort. Sie wurde gewahr, wenn sich ein Schwan verletzt hatte oder eines der Boote nicht richtig vertäut war. Sie fühlte sich in ihrem Tagesablauf beeinträchtigt, falls die Bäderbahn sich verspätete oder gar eine Minute zu früh an ihr vorbeirauschte. Dazu benötigte Meta Bluhm keine Uhr, diese Kleinigkeiten waren selbstverständlich für sie. Sie konnte nicht anders, als sich den Tag völlig durchzustrukturieren. Diese Regelmäßigkeiten verschafften ihr die nötige Ruhe. Jeder hatte doch Rituale. Die Männer tranken ihr Bierchen regelmäßig, die Frauen stopften sich am Nachmittag Torte in den Mund, und sie brauchte eben einen festen Rahmen für ihren Tag.

Als sie an diesem Morgen zum Strand lief, bemerkte sie deshalb sofort, dass Frederiks Boot unmöglich von ihm selbst gelenkt werden konnte, so wie es von den Wellen hin und her geworfen wurde. Frederik war ein erfahrener Seemann, dem es ein Leichtes war, sich sogar bei schwerer See gut zu orientieren und seinen Kutter auf Kurs zu halten.

Das Meer aber schien zu wissen, wohin das Boot gehörte, denn schon bald würde es auf den Strand gespült werden. Meta tat etwas, was sie unter gewöhnlichen Umständen nie tun würde, nur blieb ihr heute wohl keine Wahl: Sie wartete ab, was weiter geschah. Zunächst galt es herauszufinden, ob sich Frederik noch an Bord befand. Erst dann würde sie die Polizei rufen.

Sollte Frederik tatsächlich nicht mehr leben, wäre sie frei. Nach so vielen Jahren endlich frei!

Frederik war Fischer. Er hasste alles, was nicht in sein Weltbild passte, und eliminierte es. Oder er machte es passend. So, wie er es mit Meta getan hatte. Von Kindesbeinen an waren sie zusammen. Als er damals mit fünf Jahren zu ihr sagte, er würde sie heiraten, hatte sie ihm das sofort geglaubt und als ihr Schicksal angenommen. Vielleicht hätte sie sich aber besser für Jochen entscheiden sollen, der mit ihr immer die Schaufel geteilt und ihr stets den halben Sandkuchen abgegeben hatte. Dann müsste sie an diesem Morgen nicht auf das warten, was ihr gleich auf diesem Kutter begegnen würde. Weil sie zum ersten Mal in ihrem Leben ihr Schicksal selbst in die Hand genommen hatte.

Frederiks Beschluss, sie zu heiraten, war von vorneherein mit einer Bedingung einhergegangen: Meta musste sich ihm anpassen, ja sich regelrecht formen lassen. So wie einen Weihnachtskeks, den man in die passende Form stach. Meta baute von Beginn an ihre Burgen nach Frederiks Vorgaben, ließ sich von ihm fremdbestimmen, indem sie sein Lieblingsessen auch zu ihrem erkor, die gleichen Kinderlieder liebte und dieselben Hörspielkassetten in den Recorder schob. Winnetou anstelle von Zwerg Nase. Schon nach einem Jahr ihrer Kinderfreundschaft hatte Meta sich Frederik so angeglichen, dass sie die Verstellung gar nicht mehr wahrnahm, sondern sich sein Denken vollkommen verinnerlicht hatte. Zuerst *wollte* sie nicht mehr ohne Frederik sein, später *konnte* sie es nicht mehr. Sie hatte nur noch ein Ziel: ihm zu gefallen. Und das hatte sich bis gestern gehalten.

Als Meta 21 Jahre alt und volljährig war, heirateten sie. Sie kannte Frederiks Vorlieben mittlerweile ohne Ausnahme. Sie wusste, welches Essen ihm mundete, zu welcher Uhrzeit es serviert werden sollte und in welchem Abstand Messer und Gabel voneinander zu liegen hatten. Frederik war mit solchen Dingen pingelig. Um ihn täglich aufs Neue zu erfreuen, lernte Meta alle favorisierten Rezepte auswendig und übte stundenlang, den Kniff in seinem Kopfkissen millimetergenau zu platzieren. Es war selbstverständlich für sie, ihm zur exakt derselben Uhrzeit die Hausschuhe neben die Fußmatte zu stellen, wenn er vom Fischfang nach Hause kam.

Meta stand morgens beizeiten auf und plante den Tag minutiös durch, damit sie keinen Fehler machte, denn dann reagierte Frederik äußerst ungehalten.

»Er hat auch einen schweren Tag«, sagte Meta sich immer wieder. »Da ist es ja wohl das Mindeste, dass du auf ihn Rücksicht nimmst und ihm seine Freizeit so angenehm wie möglich gestaltest.«

Irgendwann konnte Meta aber nachts nicht mehr schlafen und fand den Grund dafür nicht. Regelmäßig wachte sie gegen vier Uhr morgens auf, wurde von unerträglichem Kopfweh geplagt, ihr Rücken schmerzte, das Herz stolperte, und sie bekam keine Luft mehr. In der ersten Nacht war sie noch in Panik geraten, dachte, sie müsse sterben, und hatte Frederik geweckt, der ihre Not aber mit »Frauengetue« abgetan und keineswegs den von Meta vermuteten Herzinfarkt dahinter gesehen hatte.

»Du stellst dich auch immer an! Mann oh Mann, was habe ich für eine Mimose an meiner Seite!«

Meta kroch zurück in ihr Bett und wartete angstvoll darauf, dass sich die Beschwerden besserten. Es dauerte etwa zwei Stunden, bis ihr das freie Durchatmen wieder möglich war und das Herz wieder trabte, anstatt zu galoppieren.

Weil die Symptome tagsüber ganz verschwanden, musste Meta ihrem Mann schließlich recht geben, dass es wohl keine Herzattacke gewesen war.

»Sag ich doch. Da hast du dich mal wieder in etwas hineingesteigert!«

Meta lebte folglich weiter ihr Leben im eng geschnallten Korsett.

Die Beschwerden wiederholten sich jede Nacht, wenngleich sie unterschiedlich heftig ausfielen. Aber sie manifestierten sich, bis es nicht mehr bei den nächtlichen Anfällen blieb und sie auch tagsüber von den Attacken heimgesucht wurde. Meta fand keine Möglichkeiten, diese Schübe in den Griff zu bekommen, und das Einzige, was half, war eine noch peniblere Regelmäßigkeit im Tagesablauf. Sie spezifizierte ihre ohnehin schon eng getaktete Routine, und siehe da: Die Beschwerden verringerten sich mit jeder weiteren minutiösen Planung, bis sie schließlich ganz verschwanden. Meta wurde zwar ruhiger, gab aber zugleich das letzte Bisschen ihrer Persönlichkeit auf. Nach einem Monat stieß sie sich an einer Tischkante und verspürte keinen Schmerz. Daraufhin ritzte Meta sich mit einem Messer. Sie sah zwar das Blut, doch auch hier fühlte sie den Schnitt nicht. Meta war zu einem Roboter geworden. Sie funktionierte ohne größere Ausfälle, von jetzt ab konnten ihr nicht einmal körperliche Gebrechen mehr etwas anhaben. Frederik hatte sein Ziel erreicht, sie gehörte jede Sekunde des Tages ihm.

War er draußen auf See, drehte Meta ihre Runde, und je älter sie wurde, desto mehr optimierte sie die Feinheiten im Ablauf. Ihre Antennen waren geschärft, sie achtete darauf, immer genau zur selben Zeit an derselben Stelle zu sein.

Am Morgen umrundete sie den Kölpinsee, am Nachmittag fuhr sie mit dem Rad in Richtung Loddiner Höft [77]. Ihr Weg führte an der alten Loddiner Schule [78] vorbei und endete immer unterhalb des Restaurants »Waterblick« [79], wohinter sich der Weinberg [80] befand. Im Sommer ließ sie die Variante zu, in den kleinen Laden einzukehren, sich genau fünf Minuten umzusehen, dem Kapitän und dem Großelternpaar, das der Besitzer dort als Figuren positioniert hatte, zuzuwinken und dann den schmalen Weg zum Bootsverleih [81] mit dem kleinen Restaurant hinunter zu radeln. Hier stellte sie das Rad ab, zählte die Schwanen- und Tretboote durch, damit sie genau wusste, wie viele ausgeliehen waren, lief die letzten Meter zum Ausguck und schaute über das Achterwasser, was sich den Jahreszeiten und der Wetterlage entsprechend unterschiedlich darstellte.

Dieser Anblick der Sommervariante war aber auch die einzige Abwechslung. Ihre Freunde hatten sich längst verabschiedet, sie konnten mit ihrem gleichförmigen Tagesablauf, der nicht die kleinste Änderung erlaubte, nicht mithalten. Nur Imke hatte lange durchgehalten und nicht aufgegeben. »Du bist Frederiks Marionette. Tu wenigstens was für dich, wenn er auf der Ostsee oder übers Achterwasser zum Fischen rausfährt. Da merkt er doch nicht, was du machst.« Imke war sehr besorgt um ihre Freundin gewesen, hatte sie oft zum Kaffee eingeladen, damit sie mal etwas anderes sah als ihre eigenen vier Wände und die immer gleichen Runden bei Wind und Wetter. Aber Meta fand aus der Endlosschleife nicht mehr heraus und sagte jede Einladung ab. Zu sehr fürchtete sie Frederiks Zorn, zu sehr fürchtete sie die Rückkehr ihrer Attacken.

Dass mittlerweile bei ihren Spaziergängen ganz andere Gedanken hochkamen, verdrängte sie. Ihr Leben war eben, wie es war. Andere Frauen wurden geschlagen, das würde Frederik niemals tun. So gesehen hatte sie ein richtig gutes Leben.

»Ich muss meinen Rhythmus haben, sonst geht es mir schlecht. Und Frederik mag es gern, wenn er genau weiß, wo ich stecke. Außerdem muss ich ja ohnehin immer pünktlich zurück sein.« Manchmal fragte Meta sich heimlich, ob sie Imke und die anderen Frauen nicht doch beneidete, wenn die am Wochenende spontan zum Shoppen nach Greifswald fuhren oder sich stundenlang im Sommer am Strand rekelten.

»Nein, ich kann nur sein, wie ich bin. Ich brauche mein Leben so, wie es ist und keinen Deut anders«, bestätigte Meta sich selbst.

Doch dann wurde sie plötzlich von einer Vision traktiert, die sie verdrängen wollte. Je mehr sie das allerdings versuchte, desto stärker arbeitete die sich an die Oberfläche: Sie wollte in Ahlbeck auf der Seebrücke einen Kaffee trinken.

Meta bemühte sich, diese Idee mit aller Gewalt zurückzudrängen, spürte aber zugleich wieder diese Unruhe, die allen Attacken vorangegangen war. War das denn überhaupt möglich? Wegen dieses einen Wunsches? Ihr Herz raste, als sich der Gedanke stärker ausbreitete und beinahe übermächtig wurde. Wie kam sie nur auf eine solch absurde Idee? Das war mit ihrem Alltag doch gar nicht in Einklang zu bringen! Kaffee trinken in Ahlbeck! Dazu müsste sie dorthin fahren, und zwar allein, weil Frederik niemals irgendwo Kaffee trinken ging. Immerhin hatten sie eine Kaffeemaschine, und die kochte günstigen Filterkaffee. Es gelang ihr eine Weile, diesen Wunsch zu verdrängen, aber jeden Morgen, wenn sie am Café vom Campingplatz vorbeikam, schoss ihr genau der Gedanke ein.

Die ersten Tage gelang es ihr, ihn, bis sie bei den Bahnschienen angelangt war, zu verdrängen, dann aber verfolgte sie die Idee länger, bis sie der Wunsch nach diesem Ausflug schließlich bei fast allen täglichen Verrichtungen anfiel. Begleitet wurde das Verlangen, ihren Alltag, und sei es nur durch eine solche Kleinigkeit, zu durchbrechen, wieder mal von einem unerträglichen Herzrasen, wieder mal von mal von einem beängstigenden Engegefühl in der Kehle.

»Ich bin glücklich, wie es ist«, wiederholte Meta fast trotzig und wie ein Mantra. Kaffee trinken in Ahlbeck! Sie war ja größenwahnsinnig! Davon konnte man auch nicht glücklicher werden, als sie es war.

»Du steckst in einem Korsett!« O-Ton Imke. Danach hatte Meta den Kontakt zu ihr abgebrochen. Die war doch nur neidisch! Frederik dankte Meta für diese Entscheidung, indem er seiner Frau einfach so übers Haar strich. »Wir lassen uns unser beschauliches Leben nicht von so einer Emanze kaputtmachen«, sagte er.

Meta war nun schon über 40 Jahre mit Frederik zusammen, er hatte sein Sandkastenversprechen gehalten und sie geheiratet. Gab es einen größeren Beweis für Liebe? Ihr Beitrag war so lächerlich gering. Für ihn da sein, seine kleinen Wünsche erfüllen und das Haus sauber halten. Für ihn kochen, seine Schuhe putzen, ab und zu seine Gier an sich befriedigen lassen und … und … und … Kleinigkeiten für ein Leben, das ihr Halt und Festigkeit gab.

Für die Liebe galt es, Opfer zu bringen, und auf ein so lächerliches Kaffeetrinken zu verzichten, war wirklich ein minimaler Beitrag. Bestimmt war Meta nur wegen Imkes ständiger Nörgelei auf diese absurde Idee gekommen. Es war richtig, dass sie diese Freundin, die ja definitiv keine war, zum Mond geschossen hatte.

»Du gehst doch ein wie eine Blume ohne Wasser, Meta«, hatte sie immer wieder zu ihr gesagt. »Ich kann es gar nicht mit ansehen, aber mir kommt es vor, als hörst du langsam zu existieren auf.« Imkes Worte hatten sich in Metas Ohr eingenistet und übten einen negativen Einfluss auf sie aus. Warum nur wurde sie ihre Freundin gedanklich nicht los?

Meta hatte immer abgewinkt, wenn Imke Sachen gesagt hatte, wie: »Mein Mann würde all das nie von mir verlangen. Das ist keine Liebe, das ist ein Käfig.«

Imkes Mann war Künstler und ganz anders als Frederik, der ein alteingesessener Fischer war und sein Brot noch mit echter Handwerkskunst verdiente. Das konnte man wahrlich nicht vergleichen. Wenn Imke mit ihrem Gerede zu präsent wurde, schlug Meta mit dem Kopf gegen die Tür. So lange, bis sie nichts mehr fühlte und die Gleichgültigkeit sich wie ein Tuch über ihre Seele legte.

Und so lebte Meta ihren Stremel weiter. Vor drei Jahren hatte sie dabei ihre Liebe zu den Vögeln entdeckt. Vielleicht, weil sie ungezwungen lebten. Am liebsten mochte sie die Kormorane, sie waren ein Sinnbild für die absolute Unabhängigkeit. Es scherte Meta nicht, wie sehr sie von den Fischern auf dem Achterwasser gehasst wurden. Majestätisch hockten die schwarzen Vögel mit abgespreizten Flügeln auf den Pollern und begaben sich anschließend wieder auf die Jagd. Sie überlisteten die

Fischer, klauten ihnen die besten Fische vor der Nase weg, und genau das gefiel Meta. Es erfüllte sie mit diebischer Freude und sie wunderte sich, warum sie das so beglückte. Gleichzeitig schämte sie sich ihrer Gedankengänge. So etwas durfte man nicht denken, es schadete doch Frederik!

Sie setzte ihre tägliche Runde unbeirrt fort. An der Loddiner Schule wagte sie einmal außer der Reihe einen Halt, auch wenn das nach sich zog, dass sie gleich kräftiger in die Pedale treten musste. Diese Schule hatte sich in den Jahren stetig verändert und war doch immer dieselbe geblieben. Bei ihr hingegen gab es keinen Wandel. Dennoch war sie nicht mehr Meta. Sie war … Es erschreckte sie, denn ihr fiel kein Wort für sich ein, außer: ein Nichts.

Bevor sie den Gedanken vertiefen konnte, fuhr Meta schneller zurück nach Kölpinsee zu ihrem Haus und brachte den Tagesplan damit um zehn Minuten durcheinander.

Sie war deswegen völlig außer sich, und wieder schrie eine Stimme in ihr, dass es verkehrt lief, dass etwas nicht stimmte. Sie riss sich los und stürzte vor die Tür, weil sie glaubte, zu ersticken, weil ihr Kopf zu zerspringen drohte.

»Du würgst wie der eine Kormoran heute Morgen«, sagte Frederik, als er sie so vorgefunden hatte. »Ich hasse diese Fischräuber. Sie berauben uns Fischer unserer Existenz, und keiner tut etwas dagegen!«

»Ich mag diese Vögel«, flüsterte Meta, während sie sich den Mund abwischte und den sauren Geschmack zu ignorieren versuchte. Frederik hörte nicht hin, weil er sich weiter über die vermeintlichen Fischräuber echauffierte. Er reichte ihr nicht einmal ein Glas Wasser.

Dann kam jener Morgen. Frederik war schon früh aufgestanden und wollte im Achterwasser fischen. Meta hatte ihm das Frühstück gemacht und war im Begriff, das Häuschen zu säubern und ihre Kölpinseerunde hinter sich bringen, damit sie, es war Mittwoch, den Butt um Punkt fünf nach zwölf auf den Tisch bekam. Aber sie war mit ihrer Putzerei an diesem Tag außergewöhnlich schnell, und deshalb war es noch viel zu früh.

»Heute mache ich es mal anders herum. Ich fahre erst zum Achterwasser.« Der Gedanke war für Meta revolutionär. Seit so vielen Jahren tat sie immer dasselbe, aber heute wollte sie einfach nicht mehr. Heute wollte sie etwas verändern. Nur geringfügig, aber es war eine Variante, die sie zulassen konnte.

Sie holte das Rad und fuhr los. In Loddin radelte sie über das graue Pflaster an den weißen und roten Häusern vorbei, am Ende der Straße sah sie das Blau vom Achterwasser unter dem Morgennebel glitzern. Dieses Mal bog sie sofort zum Bootsverleih ab. Mit jedem Tritt in die Pedale spürte sie, wie ihr Atem freier floss. Und zum ersten Mal seit langer Zeit war da auch so etwas wie Glück. Glück, weil ich etwas anders mache?, dachte Meta.

Sie kletterte den Ausguck hinauf und schaute aufs Achterwasser. Nebelschwaden verharrten still über der Wasseroberfläche. Darunter vernahm sie das Schnattern einer Ente. Aber dann hörte sie einen verzweifelten Schrei, das Schlagen von Flügeln auf dem Wasser. Kurz darauf trieb ein toter Kormoran am Ausguck vorbei. Meta presste ihre Hand auf den Mund, als sie erkannte, dass ihm der Kopf abgetrennt worden war. Als sie nach rechts blickte, entdeckte sie Frederik, wie er sein Messer im Wasser abwusch und laut sagte: »Das war nur der Erste. Jeden Tag einen. Jeden Tag einen!«

Meta duckte sich, denn sie wollte nicht, dass ihr Mann sie entdeckte. Er glaubte sie auf ihrer Morgenrunde auf der anderen Seite der Insel. Und sie glaubte ihn zum Fischen auf dem Achterwasser und nicht auf Mördertour gegen seine Feinde, die Kormorane. Meta ballte die Faust. Zuerst kam das Herzrasen. Dann brach ihr der Schweiß aus. Eine kalte Hand schien sich auf ihre Kehle zu drücken, ein Eisenband den Brustkorb zu umspannen. Sie presste die Hände auf beide Ohren, weil darin eine große Glocke zu schlagen begann. Das Pendel knallte von einer Schläfe zur nächsten, der Kopf drohte zu bersten. Meta öffnete den Mund und schrie.

Nach einer Weile machte sie die Augen wieder auf. Frederik war verschwunden und hatte ihren Schrei offenbar nicht gehört oder nicht wahrgenommen, weil ihn nichts außerhalb seines Horizontes interessierte. Aber sie war nun ganz ruhig. Ihr Herz schlug im gewohnten Rhythmus, sie atmete tief ein, und auch der Kopf war schmerzfrei.

Nein, sie war mit Frederik nicht glücklich. Er war ein Schlächter. Er war ein Mann, der bedingungslosen Gehorsam verlangte. Von Mensch und Tier. Sogar von den Kormoranen. Und wer sich ihm widersetzte, wurde mundtot gemacht. Oder umgebracht oder zu einem Nichts degradiert wie sie. Das war sein Weltbild.

»Was tut er, wenn er mich hier erwischt? Wenn er merkt, dass ich mich nicht an seine Anweisungen halte, was wird er dann mit mir machen?« Meta fixierte durch eine schmale Spalte den toten Kormoran, der mittlerweile ins Schilf abgedriftet war. Sicher musste er um diese Zeit seine Brut versorgen. Frederik hatte also nicht nur ein Tier getötet, sondern eine ganze Vogelfamilie.

Am nächsten Morgen kochte sie wie immer Frederiks Schwarztee, nur ließ sie ihn einen Moment länger ziehen, denn er sollte eine Spur bitterer schmecken. Der Tee war nämlich angereichert mit ein paar ungesunden Kleinigkeiten.

Meta sah zu, wie Frederik das Gesöff trank, aber keine Miene verzog. »Ich fahre heute auf die Ostsee hinaus. Bin zurück wie gewohnt.«

»Ist gut, mein Lieber, ich laufe wie immer meine Kölpinseerunde und dann zum Achterwasser.«

»So soll es sein, meine Gute. So soll es sein. Immer schön im selben Trott.«

Jetzt wartete Meta am Strand. Ein paar Leute hatten das dümpelnde Schiff auch erkannt und halfen ihr, den Kutter auf den Sand zu ziehen. Einer der Männer zog sich an Bord und kam mit betretener Miene aus dem Häuschen. »Darin liegt ein Toter«, sagte er, sprang in die Wellen und übergab sich.

»Das ist mein Mann.« Meta wandte sich ab, damit es keiner sah. Das triumphierende Lächeln auf ihrem Gesicht.

Sie konnte es nun tun! Nach Ahlbeck fahren und auf der Seebrücke Kaffee trinken! Einfach so.

FREIZEITTIPPS

73 Strandtreppe Stubbenfelde

Direkt von Stubbenfelde aus kommt man an den hohen Strandabstieg. Ohne die imposante Metalltreppe kann man den Strand nicht erreichen. Schon allein der Ausblick von hier oben lohnt sich, denn unterhalb der gewaltigen Steilküste verläuft ein traumhaft schöner weißer Strand, zwischen den Buhnen tummeln sich die Schwäne. Der Strand selbst ist leider wegen der steilen Küste, je nach Sonnenstand, teilweise schattig. Aber nur wenige Hundert Meter in Richtung Kölpinsee flacht die Küste ab. Wer schwindelfrei ist, dem ist ein Abstecher zur Strandtreppe unbedingt zu empfehlen.

74 Kölpinsee

Der Kölpinsee ist circa 30 Hektar groß und hat in der Mitte eine kleine Insel. Weil der Kölpinsee wertvolle Fischbestände enthält, gilt er als beliebtes Angelrevier. Angelscheine gibt es bei der Kurverwaltung und am Bootsverleih. Bei Letzterem kann der Besucher auch Tretboote in Schwanenform ausleihen. Viele Wasservögel haben im Kölpinsee ihr Zuhause gefunden, und gerade am Abend kommt hier eine wunderbar romantische Stimmung auf.

75 Campingplatz

Der Campingplatz in Stubbenfelde ist allein von der Lage und den Sanitäranlagen her einzigartig. Direkt an der Steilküste in einem Wald gelegen, kann er

wirklich punkten. Die Sanitärhäuser des Platzes sind erstklassig, hochmodern und sauber. Weiter gibt es eine reichhaltige Angebotspalette für Kinder mit einem fantasievollen Spielplatz, Animation und vieles mehr. Ein Restaurant und ein Einkaufsladen runden das Angebot ab. Durch Tore überquert man den Küstenrad- und Wanderweg und gelangt zur Strandbrücke, die einen fantastischen Blick über die Ostsee und die Küste Usedoms gewährt. Höhenangst darf man allerdings nicht haben, wenn man die steile Metalltreppe zum Strand hinunterklettert.
Mehr unter:
Campingplatz Stubbenfelde
Waldstraße 12
17459 Seebad Stubbenfelde
Tel: 038375/20606
E-Mail: info@stubbenfelde.de
www.stubbenfelde.de

[76] Bäderbahn

Die blau-weiße Usedomer Bäderbahn fährt in enger Taktung über die gesamte Insel. Einen Haltepunkt hat sie auch in Stubbenfelde und Kölpinsee. Es ist möglich, mit Fahrrädern zuzusteigen, was vor allem für Fahrradtouristen sehr interessant ist. So kann man mit dem Rad eine große Strecke fahren (die Radstrecken sind wegen der zwischenzeitlichen Steigungen von bis zu 16 Prozent für ungeübte Radler oft sehr anstrengend), irgendwo zusteigen, weiterfahren und einen Teil der Tour auf bequeme Art und Weise bewältigen.

77 **Loddiner Höft**
Die Loddiner Höft ist am besten mit dem Rad zu erkunden. Die Landzunge reicht ein ganzes Stück ins Achterwasser hinein. Hier kann man dem Wassersport endlos frönen. Bezeichnend für die Loddiner Höft sind die hügelige Landschaft und vor allem der romantisch anmutende Ort Loddin. Es lohnt allemal, für diesen pittoresken Winkel ein bisschen Zeit einzuplanen, wenn man die Natur und die Ruhe liebt. Ab dem Restaurant »Waterblick« sollte man die Räder allerdings besser stehen lassen und die Gegend weiter zu Fuß entdecken.

78 **Loddiner Schule**
Die einstige Schule war früher ein rohrgedeckter kleiner Flachbau. Damals gab es nur ein Schulzimmer und eine Lehrerstube. Da die Schule irgendwann baufällig wurde, musste eine neue gebaut werden, und so entstand zwischen Kölpinsee und Loddin 1930 das Gebäude, das sich heute zweistöckig in gelb-grauem Putz zeigt. 1945 wurden Flüchtlinge in den Zimmern einquartiert, bevor im Oktober der Unterricht wieder begann. Seit dem Jahr 1983 ist der Schulbetrieb eingestellt worden.

79 **Restaurant Waterblick**
Das in Loddin direkt am Achterwasser liegende Restaurant »Waterblick« ist ein wahrer Geheimtipp, was die Fischküche angeht, und man sollte sich einen Besuch dort keinesfalls entgehen lassen. Im Untergeschoss ist ein Hausladen untergebracht, in dem man Honig, Süßwaren, Pommersche Delikatessen

und auch Bücher erstehen kann. Wer mag, kann sich hier sogar individuell bekochen lassen.
Mehr unter: www.waterblick.de

80 Nördlichster Weinberg mit Restaurant Waterblick

Was man auf einer Ostseeinsel sicherlich nicht vermutet, ist ein Weinberg, aber genau den findet man auf der Loddiner Höft. Der Weinberg liegt am Südhang hinter dem Restaurant Waterblick. Seit dem Jahr 2001 ernten die Besitzer Weinsorten wie Chardonnay und Cabernet Sauvignon. Der trockene Wein ist überaus wohlschmeckend.
Mehr unter: www.waterblick.de/noerdlichster-weinberg-deutschlands

81 Bootsverleih Achterwasser

Direkt am Achterwasser an der Loddiner Höft befindet sich ein Bootsverleih mit einem urigen Restaurant. Es lohnt sich, hier zu essen oder nur einen Kaffee zu trinken, denn nicht nur die Küche ist gut, auch der einzigartige Ausblick aufs Achterwasser ist unbeschreiblich schön. Am Bootsverleih ist zusätzlich ein Ausguck aufgebaut, von dem aus man die Tier-und Vogelwelt auf dem Achterwasser wunderbar beobachten kann.

8. BANSIN

Das Seebad Bansin ist eines der drei Kaiserbäder, die sich im Süden der Insel dicht aneinanderreihen. Bansin wurde im Jahr 1897 gegründet und diente einzig dem Zweck, ein Seebad zu sein. Es ist das kleinste der Kaiserbäder und präsentiert sich in wunderschöner Seebäderarchitektur. Das Stadtbild wird von überwiegend weißen oder hell getünchten Villen geprägt. Kein Haus gleicht dem anderen mit seinen Erkern, Türmchen und interessanten Balustraden.

Inmitten des Ortes liegt der Schloonsee, der Bansin ein besonderes Flair verleiht. Beeindruckend und absolut sehenswert ist die Bansiner Bergstraße mit den kunstvoll gestalteten Fassaden der Häuser.

Kulturell hat das Seebad ebenfalls einiges zu bieten. Im Sommer sind die Kurkonzerte zu nennen, und außerdem ist in diesem Kaiserbad der Dichter Hans Werner Richter, Mitbegründer der legendären Schriftstellergruppe »Gruppe 47«, aufgewachsen. Mit dem »Hans Werner Richter-Haus« hat er dem Ort ein literarisches Denkmal hinterlassen. Es birgt einen großen Teil seines privaten Nachlasses, einschließlich des Arbeitszimmers und der Bibliothek.

Rund um Bansin findet sich eine einzigartig schöne Naturlandschaft. Kommt man von Kölpinsee mit dem Fahrrad, entdeckt man am Naturlehrpfad des Ostseeküstenradwegs auf dem Weg nach Bansin ein Feuchtbiotop, das einen Stopp wert ist. Die Steilküste Usedoms endet mit dem »Langenberg« kurz vor dem Kaiserbad.

Mehr Infos:
Kulturverwaltung Seebad Bansin
Strandpromenade
17429 Bansin
Tel: 038378/47050
oder
Usedom Tourismus GmbH
Waldstraße 1
17429 Seebad Bansin
Tel: 038378 /47710
E-Mail: info@usedom.de
www.usedom.de

DICHTERTOD

Das Telefon in der Polizeidienststelle in Heringsdorf klingelte. Kommissarin Diana Weiß nahm das Gespräch entgegen. In fünf Minuten war Wochenende, und sie hoffte, dass es nichts Gravierendes war, das ihr die freien Tage versauen würde. »Weiß«, meldete sie sich und klappte die letzte Akte zu.

»Mike hier. Tut mir leid, Diana, aber du musst zum Feuchtbiotop 82 kommen. Denke, wir werden uns das Wochenende um die Ohren hauen müssen, das sieht gar nicht gut aus.«

Diana ließ den Hörer sinken. Auch ohne dass Mike sich näher geäußert hatte, war klar, was sich hinter dieser Aussage verbarg. Sie schluckte. Realisierte, was Mike ihr da eben gesagt hatte. »Ich habe morgen ein Musical in Hamburg gebucht«, flüsterte sie. »Zwei Tage allein mit Achim.«

Sie hatten sich vor drei Jahren getrennt und sich nun für dieses romantische Wochenende entschieden, um zu schauen, ob es noch einen Weg zurückgab, denn so ganz waren sie nie voneinander losgekommen. Die Zeichen waren zwar vielversprechend, aber nicht eindeutig genug. Zuerst galt es, Altlasten aufzuarbeiten. Verletzungen, deren Dolche noch in den Wunden steckten, oder andere, die Narben hinterlassen hatten, manche immer wieder aufreißend. Diana hatte viel Hoffnung in dieses Wochenende gelegt. Das war jetzt wahrlich kein guter

Zeitpunkt für eine Leiche, um nicht zu sagen, es war der schlechteste Zeitpunkt überhaupt.

»Männlich oder weiblich?«, hörte Diana sich sagen.

»Ein Mann, etwa Mitte 70. Und es sieht nicht so aus, als wäre er einfach so in den Sumpf gefallen.«

Diana seufzte. »Bin gleich da. Die anderen sind informiert, einschließlich der Spusi?«

»Ja, alle auf dem Weg.«

Diana schwang sich aufs Mountainbike, denn damit war sie am schnellsten am Tatort. Die Steigungen zu erklimmen, war für sie keine Anstrengung, sondern eine willkommene sportliche Herausforderung. Das Wetter versprach herrlich zu werden, sie hätten ein richtig tolles Hamburg-Wochenende gehabt. Irgendwie musste sie Achim noch beibringen, dass es nichts werden würde. Mit der Ansage wäre allerdings auch alles beim Alten, denn ihre unregelmäßigen Dienstzeiten, ihr Ehrgeiz bei der Polizei und die Kollegen waren immer ein rotes Tuch für ihren Freund gewesen. Er würde nicht tolerieren, dass sie ihm nun eine Leiche vorziehen musste. Auch nicht, wenn es ihr selbst gegen den Strich ging.

Gleich hinter dem »Haus des Gastes« 83 bog sie nach links ab. Es ging steil bergauf, und bevor sie in den Wald fuhr, sah sie aus dem Augenwinkel, dass eben ein Ausflugsschiff 84 Bansin verließ. Das Leben pulsierte weiter, völlig egal, was einige Hundert Meter entfernt geschehen war. Diana hatte große Mühe, mit dieser Diskrepanz umzugehen. Für sie wäre es eine logische Konsequenz gewesen, wenn die Welt in solchen Augenblicken einfach anhielte. So, wie es dem Anlass entsprechend war.

»Blödsinn«, schalt sie sich selbst. »Den ganzen Tag über passieren überall auf der Welt grausame Dinge, wir würden ewig im Stillstand verharren.« Und genau deshalb war es richtig, dass die Urlauber weiter ihrer Freizeit frönten, in den Strandkorbbars 85 ihr Bierchen schlürften oder in der Konzertmuschel 86 den musikalischen Darbietungen lauschten. Nur für sie, ihre Kollegen, und vor allem für die Angehörigen änderte sich was. Wobei man fairerweise sagen musste, dass nach Aufklärung des Falls auch der Alltag von Diana und ihren Kollegen weitergehen würde. Bis zum nächsten Delikt.

Diana strampelte den Berg hinauf, genoss trotz allem die Sonnenstrahlen, die sich ihren Weg durchs Dickicht bahnten und ihre Haut kitzelten. Vielleicht hatte sie ja Glück, und sie konnten den Täter blitzschnell fassen, sodass zumindest ein Teil des Wochenendes gerettet war. Oder es handelte sich gar nicht um einen Mord. Diana wusste, dass sie sich etwas vormachte.

Schon von Weitem war deutlich, dass am Naturlehrpfad etwas passiert war. Die zahlreichen Fahrradtouristen stauten sich rings um das naturbelassene Gewässer, das unter normalen Umständen einen friedlichen Eindruck machte. Umgekippte Birken lagen quer auf der Wasseroberfläche, gelbe Schwertlilien blühten in voller Pracht. Diana kam oft hierher, immer dann, wenn sie Ruhe und innere Einkehr suchte und mal ausnahmsweise nicht über die Ostsee oder das Achterwasser blicken wollte. Die vielfältige Natur auf Usedom war *ein* Grund dafür gewesen, dass sie sich auf der Insel um die Stelle in Heringsdorf beworben hatte. Als Naturfreund fand man auf Usedom alles, was das Herz begehrte. Na, und ein weiterer Antrieb war die Flucht vor Achim aus Hamburg gewesen. Weit weg hatte Diana gewollt. Ganz weit weg und nach Möglichkeit in ein anderes Bundesland. Sie wollte nur noch vergessen, was nach fünf Jahren Beziehung gar nicht so einfach und schließlich auch nicht geglückt war. Sie musste das Private jetzt verdrängen, denn nun war es ihre Pflicht, die gesamte Aufmerksamkeit auf den Toten zu fokussieren. Er hatte ein Recht darauf, dass sie herausfand, was genau mit ihm geschehen war.

Die Sonne stahl sich auch hier durch die Zweige und ließ das Polizeiabsperrband glänzen. Es flackerte nicht einmal im Wind. Dahinter scharten sich die Schaulustigen. Die Spurensicherung wuselte emsig in ihren weißen Schutzanzügen herum, bemühte sich, nichts zu zerstören und jedes Detail des Tatortes exakt festzuhalten.

»Weiß man schon, wer es ist?«, fragte Diana, während sie vom Rad sprang und es an der Hinweistafel abstellte. In Hamburg war sie zweimal mit einem Gewaltverbrechen konfrontiert worden, auf Usedom war ihr das bislang erspart geblieben.

Mike schüttelte den Kopf. »Der Mann trägt keine Papiere bei sich. Er wurde auf dem Bauch liegend im flachen sumpfigen Teil gefunden.« Mittlerweile lag der Tote am Rand des Tümpels, feine Algen klebten im schütteren Haar, auf der seitlich weggerutschten Brille klebte ein Egel oder eine Schnecke. Klaas von der Spusi fasste das Tier gerade mit der Pinzette und stellte es sicher.

»Wer hat ihn denn gefunden?« Diana musste sich abwenden und versteckte ihren Ekel hinter einer aufgesetzten Betriebsamkeit.

Mike wies mit dem Kopf zu einer blassen jungen Frau, die sich ein Taschentuch vor den Mund hielt, weil sie nach wie vor mit einem Würgereiz kämpfte.

»Die wirkt zumindest nicht wie eine Täterin«, stellte Diana fest. »Aber man weiß ja nie.« Dem ersten Blick nach zu urteilen, war die Frau vermutlich auf einer Radtour gewesen und hatte den Toten nur zufällig gefunden. Sie trug sportliche Radlerhosen, den aerodynamischen Helm hatte sie abgenommen und an den Lenker ihres weißen Sportrads gehängt.

Diana wandte sich an Mike. »Gibt es eine auffällige Verletzung? Ich meine, er könnte ja auch im flachen Uferbereich ausgerutscht, unglücklich gefallen und ertrunken sein. Oder er hatte zu viel Alkohol intus. Ein dummer Unfall eben.«

Mike nickte. »Ist aber leider nicht so. Es sieht aus, als wäre er hinterrücks erstochen worden.«

»Gut, dann alle Infos zu mir auf den Schreibtisch. Fotos bitte sofort. Dann kann Verena schon mal loslegen. Ich fahre zurück und bereite alles vor. In einer Stunde in der Dienststelle. Vielleicht wissen wir bis dahin, wer der Mann ist.«

Diana schwang sich in den Sattel und strampelte durch das Waldstück nach Bansin. Gleich würde sie Achim anrufen müssen. Sie kam nicht drum herum. Am liebsten hätte sie das Gespräch weit hinausgezögert, weil sie seine Reaktion fürchtete. Er würde sofort einen Schlussstrich ziehen. Achim hasste es, versetzt zu werden, und ihre Absage war zudem teuer, denn sie glaubte nicht, dass sie die Musicalkarten kurzfristig loswerden würden.

Trotzdem: Wenn er sie liebte, müsste er doch verstehen, dass sie keine Wahl hatte. Konnte man nicht erwarten, dass ein Partner beim Job des anderen mitzog? Diana wollte darüber jetzt nicht nachdenken, es schmerzte sie zu sehr.

Weil sie einen ziemlichen Tritt draufhatte, kam sie schon bald wieder in Bansin an. Eigentlich müsste sie nun alles für das Meeting vorbereiten, nur fühlte sie sich wie gelähmt. In ihrem Kopf war nicht der Mord vorrangig, sondern es dröhnte einzig Achims Name darin. »Ob göttlicher Beistand hilft?«, fragte sie laut, bog nach rechts ab und steuerte die Waldkirche **87** an. Auch wenn der Bau rein äußerlich trist und wenig ansprechend wirkte, liebte Diana diese Kirche. Ohne ihren Glauben und ihre regelmäßigen Besuche hier wäre es für sie unmöglich, ihrem Beruf nachzugehen. Nur fragte sie sich in der letzten Zeit immer häufiger, warum der angeblich so liebende Gott all das Elend in der Welt zuließ. Ja, warum er am heutigen Tag duldete, dass ein Mann erstochen wurde und nun in diesem Tümpel lag. Sie wusste, dass sie keine Antwort erhalten würde, und wenn sie ehrlich war, erwartete sie auch gar keine. Trotzdem sann sie ständig über alle Dinge des Lebens nach, hinterfragte sämtliche Ungerechtigkeiten und kam doch stets zu dem Schluss, dass man nichts ändern konnte.

»Du verschwendest wertvolle Lebenszeit, die du besser damit verbringen könntest, das Leben zu genießen.« Mike schüttelte oft den Kopf, wenn sie ein paar ihrer Gedanken laut äußerte. Ihr Kollege war ein feiner Kerl, mit dem sie durch dick und dünn gehen konnte. Sie verabredeten sich häufig in Heringsdorf oder Bansin, um abends ein Bier zu trinken. Mike wusste um ihre eigentümliche On-Off-Beziehung zu Achim, und er wusste auch, wie wichtig ihr das kommende Wochenende war. Es half aber nichts, darüber zu lamentieren, es war, wie es war. Diana stand von der Kirchenbank auf.

Heute brachte der Besuch in der Kirche keine Erleichterung. Es war nicht nur die Enttäuschung über das verpatzte Wochenende, Diana trieb noch ein weiteres Problem: Sie hatte Angst vor der Verantwortung, diesen Mordfall aufklären zu müssen. Sie fühlte sich der Sache nicht gewachsen, wusste nicht, wie sie den Angehörigen gegenübertreten sollte, denn das rollte unweigerlich auf sie zu. Sie war zu jung, die richtigen Worte für eine Tragödie eines solchen Ausmaßes zu finden.

Es reichte ihr als Polizistin, den einen oder anderen Fahrraddiebstahl aufzuklären oder wie kürzlich der Feuerwehr zu helfen, als es hieß, die Heizung sei im Tropenhaus 88 ausgefallen, was sich schließlich als Fehlalarm herausgestellt hatte. Das schlimmste Verbrechen waren drei Autodiebstähle in diesem Sommer, wo man echte Nobelkarossen geknackt und vermutlich in den Osten verschoben hatte. Das war nie aufgeklärt worden, nur wurde das auch von niemandem ernsthaft erwartet, denn dahinter steckte mit Sicherheit eine gut organisierte Bande.

Dieses Mal aber würde die ganze Welt wissen wollen, was genau passiert war. Bei Mord war nicht nur die Presse hartnäckig, und es war ein Stück Berufsehre, alles zu geben, um den Täter dingfest zu machen. Nur bedurfte es dazu voller Konzentration, aber mit ihrem eigenen persönlichen Fiasko im Rücken war das nicht so leicht. Die offizielle Trennung von Achim vor drei Jahren hatte sie innerlich zerbrechen lassen. Ihr ganzes Selbstbewusstsein, mit dem sie nachts in Hamburg auf Streife gegangen war, war wie ein Kartenhaus in sich zusammengebrochen.

»Schluss jetzt, mach deinen Job!«, rief Diana sich selbst zur Ordnung. »Die Öffentlichkeit wartet auf Aufklärung, und du wirst sie ihnen liefern.« Diana überlief eine Gänsehaut, als sie daran dachte, dass die ersten Presseleute schon in Richtung Tatort unterwegs waren.

Dennoch gab es kein Davonlaufen. Sie musste die Besprechung vorbereiten. In Gedanken versunken radelte sie durch Bansin, raste, ohne zu gucken, auf die Hauptstraße und rammte dabei fast den Kaiserbäder Express 89. Diana zuckte zusammen, der Fahrer hob wütend die Faust.

»Ich muss mich zusammenreißen«, sagte sie sich. »Verdammt, so wird das nichts!«

In der Dienststelle hatte das Telefon nicht stillgestanden. Es war doch immer wieder faszinierend, wie schnell sich Katastrophen herumsprachen.

»Wir ahnen auch, wer der Tote ist«, schmatzte Verena, die stets ein Kaugummi von einer Backe in die andere schob. Immerhin hatte sie deshalb nie Mundgeruch.

Diana sah sie fragend an. »Und?«

»'n Schriftsteller. Oder besser so 'n Pseudoschreiberling.«

»Was soll das sein? Ein *Pseudoschreiberling*?«

»Na so ein Kerl, der meint, er wäre Picasso ...«

»Picasso war Maler, Verena!«

»Na dann so ein ... na sach schon ...«

»Goethe?«, half Diana ihr aus. Verena war anstrengend. Vor allem, wenn sie so tat, als wäre sie gebildet.

»Na dann eben Goethe. Oder Schiller!« Stolz präsentierte sie den weiteren Namen.

»Ja, nun sprich weiter! Warum geht ihr davon aus, dass er unser Mann ist?«

»Man hat ihn gestern Nacht in Richtung Wald verschwinden sehen. Im ›Hans Werner Richter-Haus‹ 90 war es nach einer Lesung zu einem Streit gekommen. Er hat eine Flasche auf den Fliesen zerschlagen und ist anschließend rausgeworfen worden. Die Spusi hat mir schnell die Fotos weitergeleitet, und ich konnte sie dem Mann zeigen, der hier deswegen Anzeige erstatten wollte. Ist der Hausmeister von dem Laden. Ich hab nach seiner Beschreibung kombiniert, dass es der Tote sein könnte, nachdem ich das ungefähre Alter des Typen erfragt habe.«

Diana lobte Verena und wunderte sich über ihre Spitzfindigkeit. Die gehörte definitiv sonst nicht zu ihren herausragenden Eigenschaften.

»Er hat ihn also erkannt?«

»Jep.«

»Was wissen wir über den Mann? Er hat geschrieben?«

»Ja, allerdings sehr erfolglos. Ist ständig im ›Hans Werner Richter-Haus‹ aufgeschlagen und hat jede, wirklich jede Lesung besucht. Und nicht nur das: Anschließend ist er den lesenden Autoren auf den Keks gegangen. Von wegen, er würde auch bald groß rauskommen und sicher einer der Nächsten hier sein.«

»Hatte er nähere Bekannte? Wohnte er auf Usedom?«

Verena legte ein neues Kaugummi nach. Dann schmatzte sie erneut los. »Er hatte ein Appartement in Bansin, gleich am Schloonsee 91. Von wegen Effie ... na sach schon ...«

»Der See spielt in Effie Briest eine Rolle. – Gut, er war also Dauergast ...« Diana hasste es, dass sie Verena immer wieder auf die richtige Spur zurückführen musste.

»Genau. Aber es gibt keine nahen Verwandten.«

Dieser Kelch war also glücklicherweise an Diana vorübergegangen. Sie musste zumindest niemandem die traurige Nachricht überbringen. »Wie heißt der Tote?«

»Hans Werner Meyer.«

»Ach du Sch..., auch noch eine Namensgleichheit.«

»Das wird ihn wohl primär bewogen haben, sich unserem Usedomer Dichter gleichwertig zu fühlen! Dem Hans Werner Richter! Diana!« Verena tat empört. Vermutlich kannte sie aber nicht eines seiner Werke.

»Wo ist der Mann, der den Hans Werner 2 anzeigen wollte?«

»Vermutlich im Café ›Asgard‹ 92. Einen Kaffee trinken, da sitzt er oft, hat er gesagt. Der war echt auf 180.« Verena stolzierte hinaus, und Diana hörte das Klappern einer Kaffeetasse. Diese Berichterstattung war für ihre Kollegin eine Glanzleistung gewesen, wofür sie sich stets mit Kaffee belohnte.

»Ich bin dann mal weg zum Hotel. Weist du die anderen Kollegen ein, bis ich zurück bin? Ich muss erst mit diesem Mann sprechen, das hat oberste Priorität.«

»Oh Mann, ja, mach ich.«

Diana wollte sich Verenas weiteres Gerede nicht anhören und schloss rasch die Tür hinter sich. Ein Möchtegerndichter hatte also sein Ende im Sumpf gefunden. Hatte sein Fundort eine tiefere Bedeutung? Sumpf, Gedankensumpf, feststeckend … in Dianas Kopf purzelten die Gedanken durcheinander. Mike würde sich totlachen, dass sie sogar einen Leichenfundort philosophisch analysierte. Na immerhin lenkte sie das von Achim ab, den sie noch immer nicht angerufen hatte.

Obwohl ihr Gedankenspiel so abwegig ja nicht war. Ein Autor macht sich um alles und jeden Gedanken.

»Nein, Diana. Fehler im System. Hans Werner 2 hat sich den Todesort nicht selbst ausgesucht. Relevant wird das erst, wenn wir den Täter im selben Umfeld haben«, erklärte sie sich selbst.

Die Idee gefiel Diana. Logisch wäre es aber auch gewesen, einen Autor in den Schloonsee zu werfen, wegen der

Effie Briest Affinität. Ganz Bansin war eigentlich eine Dichterhochburg. Er hätte somit überall enden können. Diana hatte das Hotel erreicht und fragte sich nach dem Hausmeister des »Hans Werner Richter-Hauses« durch. Er saß am Fenster und schaute hinaus auf die Strandpromenade.

»Ich habe schon geahnt, dass Sie kommen. Mit Verlaub, Ihre Kollegin wirkte nicht besonders helle.«

Diana überging die Bemerkung, weil sie ihm sonst hätte zustimmen müssen. »Sie haben den Toten also gestern Abend noch getroffen, und er ist auffällig gewesen?«, lenkte sie das Thema deswegen gleich auf den Punkt.

»Herr Meyer war ein oft, wenn auch nicht gern gesehener Gast in unserem Haus. Es galt als offenes Geheimnis, dass er den Mund, was sein Können in der Schriftstellerei anging, immer ein wenig zu voll nahm.«

»Inwiefern?«

»Er belästigte unsere eingeladenen Autoren. Sie wissen ja, dass wir im Günter Grass-Zimmer hochwertige Literatur anbieten. Und ständig lungerte er mit seinem unveröffentlichten Manuskript dort herum, zitierte in der Fragerunde daraus und wurde pampig, wenn die Autoren nicht darauf eingingen. Er suchte Kontakte zu einer Welt, die ihm verschlossen blieb. Ich bitte Sie! Der Mann verfasste Trivialliteratur niedrigsten Niveaus! Die Texte strotzten vor Adjektiven und geschraubten Formulierungen. Nur Allgemeinplätze!«

Diana notierte sich die Aussage und wunderte sich, aus dem Munde des Hausmeisters solch literarische Beurteilungen zu hören. »Sie konnten ihn also nicht leiden«, stellte sie fest.

»Keiner aus dem Team konnte das, und die Autoren haben über ihn gelächelt. Das fiel uns schon schwerer, auf Dauer war das einfach nicht amüsant, weil er sich wie eine Zecke an allen festbiss.«

»Das war sicher alles nervig, stimmt. Nur reicht das für einen Mord?«

Der Hausmeister zuckte mit den Schultern. »Ich hab ihn nicht umgebracht, obwohl ich wirklich nicht traurig bin, dass er nicht mehr kommen wird. Aber eine Flasche im Dichterhaus zu zerschmettern, weil der Autor ihm das Gespräch verweigert, das ist grobe Grenzverletzung, oder meinen Sie nicht?« Er schnalzte mit der Zunge und wies auf den Gastraum. »Sie wissen, dass über dieses Café Konsalik in der ›Sommerliebe‹ geschrieben hat?«

Diana nickte, nur fand sie das jetzt gerade nicht sonderlich hilfreich bei der Lösung des Falls.

Diana hatte in der Kollegenrunde zusammengefasst, was sie wusste.

»Ein Dichtermord also«, grinste Mike. »Dann müssen wir unseren Mörder wohl unter den Literaten suchen.«

»Da hätten ein paar ein Motiv«, bestätigte Diana. »Dort war er regelrecht verhasst.«

»Immerhin eine Spur. Lasst uns herausfinden, zu welchen Lesungen er in der letzten Zeit gegangen ist.«

»Zu jeder«, seufzte Diana. »Wir beginnen mit den letzten dreien. Wer hat zuletzt im Dichterhaus gelesen? Immerhin kam es danach ja zu dem Vorfall mit der zerschmetterten Flasche.«

»Franz Mirnow«, erklärte Verena, die dieses Mal wirklich gute Arbeit leistete.

Nach der Besprechung wählte sie Achims Nummer, doch er ging nicht an den Apparat.

Gleich am nächsten Morgen suchte Diana Franz Mirnow auf. Sie hatte kaum geschlafen, denn sie hatte Achim auch später nicht mehr erreicht. Er ging weder ans Handy noch antwortete er auf ihre WhatsApps. Wollte sie ihn wirklich zurück? Einen Mann, der sie nicht einmal arbeiten ließ? Sie war nun mal Kriminalbeamtin, ob es ihm gefiel oder nicht.

Franz Mirnow war nach der Lesung noch nicht wieder abgereist und wohnte im Hotel Germania 93 . Seine Frau – oder Freundin, so genau konnte Diana es nicht einschätzen, auf jeden Fall wirkte die Dame erheblich jünger als der Schriftsteller – öffnete die Tür, denn der Mann hatte sich geweigert, im Café mit der Kommissarin über einen Mordfall zu sprechen. »In welchen Ruf könnte ich da gelangen, es reicht schon, dass sich der Typ gestern mir gegenüber so aufgeführt hat.«

Die junge Frau wies Diana an, sich auf einem der Sessel niederzulassen. »Anbieten kann ich Ihnen leider nichts, aber das muss bei einer Befragung auch sicherlich nicht sein«, lächelte sie. »Worum ging es bei dem Streit?«

Franz Mirnow machte eine wegwerfende Handbewegung. »Der Mann zitierte, während die anderen Zuhörer mit mir über den Roman und meine Arbeit sprechen wollten, Passagen aus irgendwelchen Zetteln, die er in einem Hefter abgelegt hatte. Ich habe ihn dezent darauf hingewiesen, dass es sich um *meine* Veranstaltung handelt und er sich bitte etwas zurücknehmen soll. Wo kommen wir denn dahin?« Franz Mirnow schnäuzte sich.

»Und dann hat er die Flasche geworfen?«

»Ja, so war es«, piepste seine Begleitung. »Er hat geschimpft, dass hierher nur Dilettanten eingeladen würden und man es bislang versäumt hat, ihn, den Nachfolger von Hans Werner Richter, einzuladen.«

»Er hielt sich also tatsächlich für einen Poeten.«

»Mehr als das«, knurrte Franz Mirnow.

All das deckte sich mit den Aussagen des Hausmeisters. Hans Werner Meyer schien kein angenehmer Zeitgenosse gewesen zu sein.

»Er hat noch was gesagt«, piepste die Frau weiter.

Diana zog fragend die Brauen hoch. »Noch etwas?«

Franz Mirnow schaute sie abwartend an.

Das Mädchen senkte den Blick. »Du Papa, ich wusste nicht, ob es wichtig ist, aber jetzt, wo er tot ist …«

Diana atmete spürbar erleichtert aus, die junge Frau war also keineswegs seine Geliebte. Franz Mirnow gewann mit der Aussage seiner Tochter merklich an Sympathie.

»Was hat er noch gesagt?«, hakte sie nach.

»Er hat gesagt, der Schlimmste von allen wäre Rufus Mondstein. Das wäre der größte Verbrecher.«

Diana kannte Rufus Mondstein nicht. Franz Mirnow hingegen erstarrte vor Ehefurcht. »Er hat Rufus Mondstein beleidigt?«

»Ja, Papa.«

»Klären Sie mich bitte auf, Herr Mirnow?«, forderte Diana den Autor auf.

»Rufus Mondstein ist *der* Nachfolger von Hans Werner Richter. Nein besser, wir alle denken, dass er der Einzige ist, dem dieser Titel gebührt, sollte es für Hans Werner Richter überhaupt je einen Nachfolger geben. Er war einfach ein begnadeter Schriftsteller.«

Das hatte Diana nun schon zur Genüge vernommen, aber der Mann war lange tot. Offensichtlich gab es allerdings einen internen Streit, wem die Ehre zustand, seine

Nachfolge anzutreten, und die Autoren hatten sich untereinander schon auf jemanden geeinigt. »Wo finde ich Rufus Mondstein?«

»Er hat sich eine kleine Wohnung in der Waldstraße genommen, weil er sich, so oft es geht, auf Usedom aufhalten wollte. Die Insel inspiriert ihn, den Meister!« Franz Mirnow machte eine Pause und wiederholte kaum hörbar: »Nur eine kleine Wohnung. Zu mehr reicht es auch bei den ganz Großen nicht.«

Nun, so großartig konnte Rufus Mondstein ja nicht sein, denn Diana war durchaus literaturinteressiert, aber von ihm hatte sie noch nie etwas gehört.

»Ich danke Ihnen, Herr Mirnow. Dann werde ich mit dem Kollegen Mondstein mal sprechen.«

Sie verabschiedete sich und lief in Gedanken versunken die Treppe hinunter.

Mike war inzwischen auch am Hotel angekommen und wartete vor der Tür. »Und? Was rausgefunden?«

Diana fasste kurz zusammen, was sie in Erfahrung hatte bringen können, und gemeinsam machten sie sich auf den Weg zum Haus des Dichters.

»Der Meyer hat alle gehasst, weil sie ihm keine Anerkennung seiner literarischen Ergüsse zollten. Aber *er* ist tot, nicht die, die er ständig attackiert hat.«

»Er muss sich richtig mit jemandem in die Haare gekriegt haben«, überlegte Diana. »Vielleicht war es ein Unfall?«

Mike lachte auf. »Diana! Er ist mitten im Wald am Sumpf erstochen worden. Sieht nicht nach einer Spontanhandlung aus.«

Sie hatten das Haus erreicht und Diana studierte die Klingelschilder. »Mondstein«, las sie laut. »Der wohnt unterm Dach.« Sie drückte den Klingelknopf.

»Wer stört?«, klang es unwirsch durch die Mikrofonanlage.

Geklaut von Professor Börne aus dem Tatort, schoss es Diana durch den Kopf. Sie kam nicht weiter dazu, darüber nachzudenken, denn der Türöffner summte, und die Haustür ging einen Spaltbreit auf.

Rufus Mondstein war nicht auf Besuch eingestellt. Er lief in einer zerschlissenen Jogginghose herum, sein Atem roch nicht so, als habe er sich in den letzten Stunden die Zähne geputzt. Er fuhr sich nervös durchs wirre graue Haar, das er schulterlang trug und ziemlich verstrubbelt wirkte. »Ja bitte?«

Diana und Mike hielten ihm ihre Ausweise entgegen und erklärten kurz, warum sie da waren.

»Ja, ich habe den Irren mal auf einer meiner Lesungen erlebt, das ist allerdings schon über ein Jahr her. Wissen Sie, solche Typen gibt es immer wieder. Ich sollte ihm helfen, bei meinem großen Publikumsverlag unterzukommen.« Er raufte wütend das Haar. »Aber so was gehört nicht zu meinen Aufgaben und erklären Sie mir bitte, warum ich das hätte tun sollen? Einem Dilettanten helfen?«

»Hat er das akzeptiert und Sie in Ruhe gelassen?«

Rufus Mondstein schluckte. »Nicht gleich. Irgendwann hat er aufgegeben.«

»Man handelt Sie in der internen Szene als Nachfolger von Hans Werner Richter. Schmeichelt das?«

Rufus Mondstein machte eine wegwerfende Handbewegung. »Was hat das mit dem Mord zu tun?«

»Nun, es könnte doch sein, dass Herr Meyer Ihnen das nicht gegönnt hat, wo Sie ihm Ihre Hilfe verweigert haben. Es kam zum Streit, und dabei kam dann Herr Meyer zu Tode?«, half Diana ihm auf die Sprünge.

»Ich habe nach der Lesung kein Wort mehr mit diesem Blutegel, der alle aussaugt, gesprochen.«

Diana zuckte zusammen. Was hatte Mondstein da eben gesagt? Blutegel? »Wiederholen Sie bitte noch einmal!«

Mike sah Diana erstaunt an.

Mondstein wiederholte seinen Satz.

»Blutegel leben im Sumpf, und dahin gehört er, oder?«, fragte Diana. »Ich muss Sie bitten mitzukommen Herr Mondstein.«

»Ja, dieser Blutsauger hat mich nicht in Ruhe gelassen.« Mondstein war auf der Wache schnell eingeknickt und geständig. Er schniefte, Rotz lief ihm aus der Nase und zog Fäden. »Erst wollte er, dass ich ihm einen Verlag suche, dann, dass ich seine Texte lese und redigiere. Mann, das kann ich doch nicht! Und schauen Sie mal ins Netz! Auf allen einschlägigen Portalen hat er mich runtergeschrieben, meine Bücher verrissen. So oft, so heftig, mit so vielen Pseudonymen, dass es geschäftsschädigend war.«

»Lassen Sie mich raten«, fasste Diana zusammen. Sie hatte sich mit ihrer Ahnung nicht geirrt. »Er hatte Pseudonyme in Richtung Blutegel und Ähnliches.«

»Alles, was mit Sumpf zu tun hatte. Ja, so war er. Sumpfohreule, Wasserratte, LeseEgel, Schwertliliengelbe Leseratte, Birkenpfahl …«

Diana lächelte. »Und weiter?«

»Ich habe ihn zum Sumpf bestellt. Schon am späten Nachmittag. Hab gesagt, ich wolle ihm dort etwas geben, was ihm zu Ruhm und Ehre verhilft, müsste es ihm aber heimlich zustecken. Danach käme er groß raus. Es sollte aufhören. Einfach aufhören. Diese schreckliche Verleumdung im Netz.«

»Und er hat das geglaubt? Abends im Dunkeln in den Wald zu kommen?«

Mondstein nickte. »Der Mann war völlig verblendet. Der hätte mir alles abgenommen.«

»Sie haben also geplant, ihn zu töten?«

Rufus schlug die Hände vorm Gesicht zusammen. »Ja. Die versprochene Unsterblichkeit, die hat er nun. Der erstochene Dichter im Sumpf. Dort, wo er sich schon zuvor geaalt hat.«

»Sie wissen, dass Sie im Gefängnis nicht viel zum Schreiben kommen, oder?« Mike trug ein zufriedenes Grinsen zur Schau. Es war erst Samstag, der Fall geklärt und das Wochenende nicht vorbei.

Rufus zuckte mit den Schultern und schaute die beiden Ermittler an. »Ich werde immer und überall schreiben, das können Sie mir glauben. Nur werde ich nun wohl das Genre wechseln, denn ein Mörder als Nachfolger von Hans Werner Richter wird wohl keinen Bestand haben. Ich wechsle zum Krimi, das läuft immer gut.« Er lehnte sich mit einem selbstvergessenen Grinsen genüsslich zurück und schloss die Augen. »Einen Titel habe ich auch schon: *Der Tote im Sumpf*. Damit halte ich zumindest mein Versprechen.«

»Und, Diana? Was machst du jetzt mit Achim?« Mike sah sie besorgt an, denn trotz des aufgeklärten Falls wirkte sie müde, als sie draußen vor der Wache standen.

»Er ist abgetaucht, nicht erreichbar, nachdem ich ihm auf die Mailbox gequatscht habe, dass ich erst sehen muss, was das hier wird. Das allein hat schon gereicht.«

»Kein einfacher Typ, dein Achim.«

Diana zuckte mit den Schultern, aber ihr huschte ein

schwaches Lächeln übers Gesicht, was Mike Mut machte. »Wir passen nicht zusammen. Das weiß ich jetzt. Ich möchte auch gar keinen Kontakt mehr zu ihm. Ich bin sicher, es gibt noch andere Männer auf der Welt.«

Mike stieß sie in die Seite und legte den Arm um Dianas Schultern. »Ein Bierchen gefällig?«

Diana nickte. Ihr Handy piepte. »Achim«, sagte sie schlicht und drückte ihn weg.

FREIZEITTIPPS

82 Feuchtbiotop

Nähert man sich auf dem Ostseeküstenradweg durch das große Waldgebiet, kommt man unweigerlich an einem Feuchtbiotop vorbei, wo man unbedingt eine Rast einlagen sollte. Das Feuchtbiotop befindet sich am Naturlehrpfad Usedom. Plötzlich glaubt man, im Dschungel zu sein, wenn sich hinter der Wegbiegung ein Tümpel auftut, in dem bunte Wasserpflanzen wie Sumpfschwertlilien neben Birken und Gräsern wachsen. Umgestürzte Bäume geben dem Ganzen eine besondere Atmosphäre.

83 Haus des Gastes

Das »Haus des Gastes« liegt direkt an der Seebrücke von Bansin. Hier erfährt der Besucher alles Wissenswerte über die Kaiserbäder, die aktuellen Veranstaltungen und Vorträge. Denn davon gibt es gerade in der Hauptsaison eine ganze Menge. Sei es, dass der Gast einen Naturvortrag erleben möchte, sich für eine Theatervorführung interessiert oder an einer der zahlreichen Schiffstouren teilnehmen möchte. Im »Haus des Gastes« liegen ausreichend Materialien dazu aus.
Mehr unter:
Haus des Gastes Seebad Bansin
An der Seebrücke
17420 Seebad Bansin
Tel: 038378/47050
E-Mail: bansin@drei-kaiserbaeder.de

84 Ausflugsfahrten mit dem Schiff

Von der Seebrücke aus starten täglich Ausflugsfahrten mit dem Schiff. Die »Adler Schiffe« haben verschiedene Touren im Angebot. Im Winter besteht beispielsweise die Möglichkeit der »Glühweintour«. Gemütlich sitzt man an Bord und schippert bei einem heißen Getränk die Steilküste entlang. Aber auch Städtetouren, Kurz- und Abendfahrten sind möglich. Mehr unter: www.adler-schiffe.de
oder
www.ostsee.de/insel-usedom/fahrgastschifffahrt-bansin

85 Strandkorbbars

Als besonders angenehm werden die zahlreichen »Strandkorbbars« an der Strandpromenade empfunden. Gerade wenn man mit dem Rad unterwegs ist, ist es fein, einfach und unkompliziert ein Glas Wein, Wasser oder Bier zu trinken.

86 Konzertmuschel mit Strandkarren

Die hellbraune Konzertmuschel Bansin liegt direkt an der Strandpromenade. Flankiert wird sie von alten blau-braunen Badekarren, die das Seebäderflair wunderbar unterstreichen. Das Gebiet der Konzertmuschel ist zudem von Laubengängen umgeben. Die weißen Bänke laden bei den zahlreichen Musikveranstaltungen zum Verweilen ein. Sitzt man dort, während die Möwen über einem im blauen Himmel ihre Kreise ziehen und man den musikalischen Darbietungen lauscht, ist Erholung garantiert.

87 Waldkirche Bansin

Die Waldkirche Bansin ist eine evangelische Kirche und wurde in den Jahren 1938/39 erbaut. Sie befindet sich am Waldrand von Bansin und gehört zu den jüngeren Kirchen auf Usedom, was sie aber nicht weniger interessant macht. Die Kirche ist ein schlichter weiß verputzter Bau und nicht einmal von einem Friedhof umgeben. Erbaut ist sie nach dem Vorbild der Swinemünder Kreuzkirche. Erst kürzlich hat die Kirche innen einen neuen Anstrich erhalten. Sie besticht durch schlichte Einfachheit und einen Tischaltar mit einem in sich versetzten Kreuz.

88 Tropenhaus Bansin

Das Tropenhaus Bansin ist wirklich klein und mit der 250 Quadratmeter großen Innen- und 1300 Quadratmeter großen Außenfläche sehr überschaubar. Trotzdem lohnt ein Besuch, denn der Betreiber hat es geschafft, die exotischen Tiere und Pflanzen wunderbar zu arrangieren. Schlangen, Vögel und Äffchen tummeln sich dort. Das Tropenhaus Bansin gilt als kleinster Zoo in Deutschland.
Mehr Infos:
Tropenhaus Bansin
Goethestraße 10
17429 Bansin
Tel. 038378/25410
E-Mail: info@tropenhaus-bansin.de
www.tropenhaus-bansin.eu

89 **Kaiserbäder-Express**

Wer entspannt zwischen den Kaiserbädern hin und her pendeln möchte, kann das bequem mit dem Kaiserbäder-Express tun. Eine Voranmeldung ist nicht nötig, die blau-weiße Bimmelbahn verkehrt täglich zwischen Ahlbeck, Heringsdorf und Bansin. Während der Tour erfährt der Gast auf völlig entspannte Art und Weise alles Wissenswerte über die drei Kaiserbäder. Es ist möglich, zwischendurch auszusteigen, sich die Beine zu vertreten und mit der nächsten Bahn weiterzufahren.

Mehr unter: www.kaiserbaeder-express.de

90 **Hans Werner Richter-Haus**

Das »Hans Werner Richter-Haus« ist in der alten Feuerwehr untergebracht und zu einem kleinen Literaturhaus mit Bibliothek geworden. Der Dichter ist in Bansin geboren und aufgewachsen. Er gilt als bedeutender Schriftsteller und war schon zu seiner Zeit sehr bekannt. Sein Roman »Spuren im Sand« gilt als Klassiker. Sein Thema liegt in allen Büchern auf der Schilderung der einfachen Leute in der ersten Hälfte des 19. Jahrhunderts. Hans Werner Richter war Mitbegründer der legendären Autorengruppe»Gruppe 47«, zu der zum Beispiel auch Heinrich Böll und Ingeborg Bachmann gehörten. Im »Hans Werner Richter-Haus« sind sein Arbeitszimmer und seine Bibliothek zu besichtigen. Im Günter-Grass-Zimmer finden regelmäßig Autorenlesungen satt. Ein wunderbarer Ort für alle Literaturbegeisterten.
Mehr unter:
Hans Werner Richter-Haus

Waldstraße 1
17429 Bansin
Tel: 038378/47801

91 Schloonsee

Der Schloonsee liegt östlich von Bansin. Die Straße nach Heringsdorf führt direkt am nördlichen Seeufer entlang. Eine idyllische Oase als Alternative zum Strandleben. Er spielt schon in Theodor Fontanes Roman »Effie Briest« eine Rolle.

92 Cafè Asgard (ältestes Cafè auf Usedom)

Das Café »Asgard« ist bereits 100 Jahre alt und liegt stilecht an der Strandpromenade und ist das älteste Café auf Usedom. Schon der Schriftsteller Konsalik machte es in seinem Roman »Sommerliebe« zum Schauplatz. Betritt man das braune Holzhaus, fühlt man sich, allein durch die Gemälde des Jugendstils, wie in die 20er-Jahre versetzt.
Mehr unter:
Cafe Asgard
Strandpromenade 15
Tel: 038378/29488

93 Hotel Germania

Das Hotel »Germania« hat einen eigenen Reiz und besticht mit einer exquisiten Küche. Es liegt an der Strandpromenade und lädt bei schönem Wetter auch draußen zum Verweilen ein. Der Gast hat die Wahl, in Strandkörben zu speisen oder davor auf gemütlichen Bistrostühlen Platz zu nehmen. Im Inneren des Restaurants ist das Mobiliar hell und freund-

lich. Das Essen ist ausgezeichnet. Der Koch bietet neben der regionalen Küche wie frischem Fisch auch exzellente Pizzen an. Das Hotel »Germania« verfügt über 13 Doppelzimmer und sieben Suiten. Alle Zimmer haben Ostseeblick, und wer mag, kann in der Sauna entspannen.
Mehr Infos:
Hotel Germania
Strandpromenade 25
17429 Seebad Bansin
Tel: 038378/239-0
E-Mail: hotel@germania-bansin.de
www.hotel-germania.de

9. HERINGSDORF

Heringsdorf ist wohl das mondänste und größte der Kaiserbäder, hat seinen Charme deswegen jedoch nicht verloren. Zunächst lag Heringsdorf in der Entwicklung zum Seebad weit hinter Swinemünde zurück, aber als der Bankier Otto Delbrück 1872 die Aktiengesellschaft »Ostseebad Heringsdorf« gründete, war der Aufstieg nicht mehr aufzuhalten. Als eines der ältesten Hotels wurde beispielsweise das Hotel »Atlantic« gebaut. Es galt als en vogue, in Heringsdorf Urlaub zu machen. So hielten sich Thomas Mann, Maxim Gorki oder Theodor Fontane sehr gerne hier auf.

Trotz der großen Menschenmassen, die Heringsdorf in der Hauptsaison besuchen, ist dem Ort das gemütliche Seebäderflair nicht abhandengekommen. Vor allem im älteren Teil spiegelt es sich noch auf wunderbare Weise wider.

Die Seebrücke mit ihren Restaurants, Cafés und Lädchen drum herum lohnt ebenfalls einen Besuch, genau wie man eine der zahlreichen kulturellen Veranstaltungen, die sich über das ganze Jahr hinziehen, nicht verpassen sollte. Heringsdorf lebt und bietet sich dem Gast in einer unglaublichen Vielseitigkeit an, die man nur nach und nach erkunden kann.

Mehr Infos:
Touristinformation Seeheilbad Heringsdorf
Kulmstraße 33

17424 Seebad Heringsdorf
Tel:038378/2451
E-Mail: heringsdorf@drei-kaiserbaeder.de
www.heringsdorf.m-vp.de

SCHNEESTURM IN HERINGSDORF

Der Dezember war die ganze Zeit viel zu warm gewesen, aber nun kamen Frost und Schneesturm seit Tagen mit großem Getöse einher. Man konnte kaum fünf Meter weit schauen, und gegen den Wind zu laufen, stellte fast ein Ding der Unmöglichkeit dar. Die Schneepflüge, die sich durch alle Straßen und über die Strandpromenade 94 schoben, wurden der Schneemassen einfach nicht Herr. Überall schabte und kratzte es, doch die nächste Böe machte sämtliche Bemühungen gleich wieder zunichte.

Verdammt, Marius musste trotzdem raus. Missmutig starrte er aus dem Fenster des direkt an der Promenade gelegenen Strandhotels 95. Er hatte sich ein wunderbares Zimmer im obersten Stockwerk genommen. Von hier aus konnte er den Blick über die Ostsee genießen. Die zeigte sich allerdings im Augenblick eher unfreundlich, wenngleich es bizarr und interessant wirkte, denn das ganze Meer war zu einer Eisplatte erstarrt und wirkte mit den eingefrorenen Gischtkronen wie ein Stillleben.

Wieder fegte eine Böe ums Hotel und trieb eine wahre Schneeladung vor sich her. Doch es nützte nichts. Marius hatte seinen Termin einzuhalten, sonst würde es ihm an den Kragen gehen. Da war die Organisation unerbittlich.

Wo blieb der Penner nur? Samuel sah auf die Uhr. Um eins hatten sie sich an der Unterführung der Seebrücke 96 verabredet, und der Typ hatte bereits fünf Minuten Verspätung. Es war nicht lustig, sich so lange vor den öffentlichen Klos herumzutreiben. Bei einem solchen Wetter grenzte es an Folter. Der konnte was erleben! Sie hatten einen Auftrag auszuführen, verdammt, da durfte man sich nicht von einem Schneesturm abhalten lassen! Weichei.

Samuel war sein Mitstreiter unbekannt, die Organisation verriet niemals, mit wem man zusammenarbeiten musste. Sie kannten sich zuvor nicht und sie würden sich auch anschließend nie wiedersehen. Das war wichtig, denn bei diesen Geschäften war Diskretion oberstes Gebot. Freundschaften, Kollegen, Seilschaften … Das war verboten. Und genau das wollte er sich zunutze machen.

Samuel schaute ein weiteres Mal auf die Uhr und ließ den Blick Richtung Swinemünde schweifen. Er wusste ja nicht einmal, woher sein Mitstreiter kommen würde. Samuel spazierte in die andere Richtung. Der weltgrößte Strandkorb 97 hatte eine dicke Schneemütze auf. Aber auch hier war es menschenleer. Samuel ging zurück und verharrte weiter vor den Toiletten. Er schreckte auf, als er von der Eislaufbahn 98 her laute Stimmen hörte. Im Sommer stand an dieser Stelle das Theaterzelt »Chapeau Rouge« 99, und im Winter tummelten sich bei gutem Wetter eine Menge Leute auf dem Eis. Heute war die Bahn wegen des Sturms geschlossen. Das Schreien wurde lauter. Verdammt, ein Unglück oder gar einen Menschenauflauf konnte er gar nicht brauchen. Samuel stolperte in den Schneesturm hinaus, aber da kam ihm ein dick vermummter Mann entgegen. Er hielt inne, hoffte, dass es endlich die Person war, auf die er so lange gewartet hatte.

»Wissen Sie, wo der Baum des Jahres 100 steht?«

Samuel nickte, es war der, auf den er wartete, die Frage war korrekt.

»In Richtung Kunstpavillon 101.«

Marius hatte einen wesentlich älteren Mann erwartet, dieser Typ war ja noch grün hinter den Ohren. Wie sollte man mit dem Kerl solch ein verantwortungsvolles Geschäft auf den Weg bringen? Nun, das lag nicht in seiner Verantwortung, er musste nur sehen, selbst heil aus der Sache rauszukommen. Allzu oft hatte er das ja noch nicht gemacht. Aber dass man derartige Geschäfte nicht mit 19-Jährigen abwickelte, sollte doch auch seinem Auftraggeber klar sein. Nun, nicht sein Problem. Er würde sein Ding durchziehen und dann, so schnell es ging, von der Insel wieder verschwinden. Er hoffte, danach keine krummen Dinger mehr drehen zu müssen.

»Wo ist das Zeug? Bei dem Sauwetter will ich mich beeilen, es rasch wegzubringen.« Er sah sein Gegenüber fragend an.

»Wir müssen zu den Fischerhütten 102 in Alt Heringsdorf 103.«

»Das ist ja elendig weit! Bei dem Schneesturm alles andere als ein Vergnügen.« Marius schaute zum Himmel, der keine Verbesserung der Wetterlage versprach. Im Gegenteil: Von Osten her näherte sich neuerlich eine dunkle Wand, die gleich weitere Schneemassen über Usedom ausschütten würde.

Der junge Mann rückte seine Mütze zurecht. Seine Finger zitterten dabei. »Geplant war es auch erst bei der Kaiser Wilhelm Büste 104 oder an der Villa ›Achterkerke‹ 105, aber das hat sich als zu unsicher herausgestellt. Dort laufen wir Gefahr aufzufliegen. Der Deal ist durchgesickert, und wir müssen sehen, dass wir es rasch und sicher über die Bühne bringen.«

Marius war noch immer nicht überzeugt, ob das alles seine Richtigkeit hatte. Nun, es war das letzte Mal. Aller guten Dinge waren bekanntlich drei, und dann musste man aufhören. So hatte er das zeit seines Lebens gehalten und war bisher gut damit gefahren. Die Ausreden des jungen Mannes, warum man die Übergabe nicht an einem belebteren Ort als bei der Büste hätte machen können, waren für ihn unverständlich. Drei kleine Päckchen, so wertvoll sie auch waren, konnte man sogar inmitten von Menschenmassen austauschen, ohne dass etwas passierte. Lächerlich, das als gefährlich zu bezeichnen. Und gerade heute war ohnehin keiner unterwegs. Die Wahrscheinlichkeit, dass sie jemand sah, lief gegen null. Was sollte es also, sich bei dem Wetter durch Heringsdorf zu quälen? Auf der anderen Seite bekamen sie eben ihre Instruktionen von ganz oben und hatten zu gehorchen.

»Dann lass uns losgehen, ehe wir festfrieren!« Etwas am Gesichtsausdruck des Mannes gefiel Marius nicht, doch er hatte ja keine Wahl. Er wollte die zu erwartenden 10.000 Euro bestimmt nicht verschenken. Marius zog sich die Kapuze tief in die Stirn und marschierte los.

Er hatte angebissen. Nur noch wenige Minuten und er war alles los. Die Last, nicht anders handeln zu können, der ewige Stress mit der Organisation. Samuel war aufgeregt. Auch wenn er sehr erfahren auf dem Gebiet war, machte es ihn jedes Mal nervös. Es blieb das Restrisiko, doch noch aufzufliegen. In wenigen Minuten würde er das alles hinter sich lassen. Samuel stolperte an dem Mann, dessen Namen er nicht einmal kannte, vorbei und ging voraus. Immer die Strandpromenade entlang.

»Lassen Sie uns durch das alte Heringsdorf laufen, dort sind wir windgeschützter«, schlug der Mann vor, aber Samuel schüttelte den Kopf. »Zu bergig, zu glatt.« Und zu gefährlich, man könnte uns sehen, fügte er in Gedanken hinzu.

Die Ostsee lag, mit einer dichten Eisschicht bedeckt, rechts von ihnen und ein paar hungrige Möwen stolzierten unschlüssig auf der Suche nach Nahrung auf den Eisschollen herum. Ließ einer der einsamen Spaziergänger mal etwas fallen, gierten die Vögel hoffnungsvoll danach.

Samuels Begleiter schüttelte ständig unwillig den Kopf, stapfte aber weiter hinter ihm her. Bald hatten sie es geschafft. Bald ...

Marius' mulmiges Gefühl verstärkte sich immer mehr. Mein Gott, er sollte lediglich eine Ladung Schnee abholen und sie zu einem Mittelsmann nach Swinemünde bringen! Und nun schleppte ihn dieser Grünschnabel einmal quer durch Heringsdorf. Es machte ihn nervös, weil sein Vordermann sich ständig umsah, als müsse er genau prüfen, ob ihnen auch wirklich keiner folgte. Etwas stimmte hier nicht, etwas war verdammt faul. Er hatte es geahnt und hoffte, trotz allem heil aus der Sache herauszukommen.

Es dauerte eine Weile, ehe sie sich gegen den Wind angekämpft hatten und die Strecke geschafft war. Marius hing mittlerweile ein winziger Eiszapfen an der Nasenspitze, seine Augenbrauen waren von Reif überzogen, auf der Pudelmütze thronte ein weißer Klecks. Zudem waren seine Hände trotz der Fellhandschuhe eisig kalt und beinahe bewegungsunfähig.

Die Fischerhütten lagen direkt am Strand hinter einem grünen Metallzaun. Es handelte sich dabei aber nicht um kleine gemütliche Fischerhäuser, wie man sie aus Koserow kannte, sondern um einfache Wellblechbauten. Einige waren mit Segeltuch abgedeckt, vor einem lag ein an Land gezogenes Segelboot mit einer Aufschrift, die man aber wegen des Schnees nicht entziffern konnte. Da auch ein gemauerter Kamin zu erkennen war, schlussfolgerte Marius, dass hier im Sommer vermutlich geräuchert wurde. Jetzt, Ende Januar, lag alles brach. Die Einsamkeit des Ortes war mehr als bedrückend. Genau in dem Moment brach der Schneesturm erneut los. Der Wind heulte auf, brüllte, keuchte und umwirbelte sie mit seinem Schneeatem.

Sein Vordermann winkte, es wirkte im Schneegestöber verlangsamt. Marius folgte ihm zu einem Trampelpfad, der direkt zum Strand führte, wo ein kleiner Kutter mit braunem Holzaufbau an Land gezogen worden war. Mit jeder Sekunde, die verstrich, verschwand der Pfad mehr. Sein Begleiter wies auf das Boot. »Da lang!«

Marius fügte sich den Anweisungen des jungen Mannes. Der beugte sich über die schmale Reling des Bootes. Marius trat einen Schritt zurück, versuchte, im Schneegestöber etwas zu erkennen, doch er konnte kaum zwei Meter weit gucken.

Heute noch nach Swinemünde zu kommen, würde fürchterlichen Stress verursachen. Diese Übergabe hatte sich mehr in die Länge gezogen, als geplant. Eine unnötige Zeitverschwendung! »Nun mach schon! Ich friere hier gleich fest!«, herrschte er ihn an.

Der junge Mann kramte noch immer auf dem Boot herum.

Samuel zögerte. Er umklammerte das Messer mit beiden Händen. Ein gezielter Hieb in die Brust, und er hätte das Zeug. 10.000 Euro war es wert. 10.000 Euro! Er würde sagen, er habe dem Mittelsmann alles an der Büste übergeben. So wie abgesprochen. Wie der Typ zu den Fischerhütten gekommen war? Nicht sein Problem. Der Plan musste aufgehen, Samuel galt als zuverlässig, war schon zwei Jahre dabei. Der Typ hingegen war neu in der Branche. Wer sollte also gerade ihm, Samuel, misstrauen? Über seine Pläne hatte er nur mit Manka gesprochen, und die kannte man in der Szene nicht, obwohl sie auch hin und wieder Koks konsumierte. Aber Manka liebte ihn und freute sich darauf, mit Samuel durchzubrennen.

»Wo ist das Zeug? Komm, rück es raus, ich muss mich auf den Weg machen. Das Wetter wird nicht besser!«, hörte Samuel.

Sein Mitstreiter wurde ungeduldig, er musste handeln. Jetzt oder nie.

Samuel richtete sich auf. Viel zu langsam, wie er sofort begriff. Zögern war Schwäche, das würde sein Gegenüber spüren. Er schoss hoch, doch der andere war auf der Hut. Er hob den Arm und wehrte die Messerattacke mit einem gezielten Hieb ab. Das Messer fiel Samuel aus der Hand und versank in der nächsten Schneewehe.

Samuel stürzte sich auf seinen Angreifer, aber er hatte dessen Kraft unterschätzt. Verdammt, der Kerl konnte zulangen. Sie wälzten sich im Schnee, und ein zufälliger Zuschauer hätte das alles durchaus für eine harmlose Balgerei halten können, doch es ging um Leben und Tod. Samuel spürte die Hand seines Gegners an der Kehle, hörte das verzweifelte Röcheln, denn auch er hatte Angst.

»Wo ist das Zeug? Rück es raus, und ich vergesse den Vorfall!«, keuchte der Mann.

Samuel beschloss aufzugeben. Er nestelte an der Jackentasche herum und bekam zwei der Beutel zu fassen. Sie verhakten sich im Reißverschluss der Jacke, rissen auf, und das weiße Pulver vermischte sich mit dem Schnee.

Verzweifelt patschte Samuel danach. Er versuchte, den Koks mit den Händen zusammenzufegen, doch es gelang ihm nicht. Eine neue Böe heulte über die beiden Männer hinweg und wirbelte das weiße Pulver, das sich noch auf Samuels Jacke befand, auf.

Marius hielt die Luft an, als er erkannte, was passiert war. 10.000 Euro stoben genau vor seiner Nase in den Himmel, und es war ihm unmöglich, etwas dagegen zu tun.

Er sah den kleinen »Schneeflocken« genauso entgeistert hinterher, wie es eben der junge Mann getan hatte. Langsam richtete er sich auf.

»Nun stecken wir beide in der Klemme. Ohne das Zeug keine Kohle. Und was bitte sagen wir unserem Auftraggeber?«

Der junge Mann wischte sich den Schnee aus den Augen. »Mist!«, stieß er aus. »Verdammter, elendiger Mist!«

Marius rieb sich die Hände. Trotz des Kampfes war ihm unendlich kalt geworden. Das würde dramatische Folgen haben. »Was sollte der Unsinn überhaupt? Und wie heißt du? Jetzt ist es egal. Wir sitzen beide im selben Boot, das ist dir ja wohl hoffentlich klar.« Er formte die Hand zu einer Pistole und hielt sie erst sich selbst, dann dem jungen Mann an den Kopf. »So, nun raus mit der Sprache! Wie heißt du?«

»Ich bin Samuel.«

»Marius. Ich brauchte die Kohle, um endlich mit den krummen Geschäften aufzuhören. Nun ist das Kapital buchstäblich vom Winde verweht.«

»Ich wollte frei sein. Dachte, ich bringe dich um und hau mit dem Koks ab. Mach ihn selbst zu Geld. Wäre auf Nimmerwiedersehen verschwunden.« Samuel nestelte einen gefälschten Pass aus der Hosentasche. »Die hätten mich nicht mehr gefunden. Ich wäre ab und über alle Berge gewesen. Dachte an Schweden.« Er steckte das Dokument wieder ein, weil der Sturm drohte, es ihm aus der Hand zu reißen. »Aber ohne das Koks kann ich das ja nun vergessen. Vom Stress mit der Organisation mal ganz abgesehen, denn die werden das nicht spaßig finden.«

»Das ist ja gewaltig schief gegangen. Und nun?« Marius schlug die Hände gegeneinander.

Samuel zuckte mit den Schultern. »Trotzdem abhauen?«

Marius schüttelte bedauernd den Kopf. Dann atmete er tief ein. »Weißt du was, Samuel?«

»Hm?«

»Ganz ehrlich geht es mir im Augenblick richtig gut. Von der Kälte mal abgesehen. Jetzt bin ich wirklich frei. Da ist keine Angst, kein schlechtes Gewissen, weil wir Gift verscherbeln und Opfer produzieren ...«

»Aber bettelarm. – Nun komm mir nicht mit dieser St. Martin-Ader, du Gutmensch. Das ist doch Bullshit. Wenn wir das Zeug nicht liefern, tut es ein anderer.« Plötzlich glitt ein Grinsen über Samuels Gesicht. »Dann zieh du Leine und feiere dein Sozialgewissen. Ich habe mich nämlich abgesichert und eine eiserne Reserve einbehalten. Die überlässt du mir, und ich mach die Biege.« Er zog eine letzte Tüte aus der Tasche und hielt sie Marius vor die Nase.

Der drehte sich um, und endlich entdeckte er den Mann, auf den er die ganze Zeit gewartet hatte. Samuel erkannte ihn im selben Augenblick.

»Verdammt! Du Arschloch, das war eine Falle!«

»Nennen wir es besser einen kleinen Test, den du nicht bestanden hast. Man bescheißt den großen Boss nicht.«

Marius riss Samuel den Beutel aus der Hand. Nicht, dass der sich auch noch mit dem Usedomer Schnee vermischte. »Und du hättest deine Kleine mal besser zähmen sollen, aber für ein bisschen Stoff tut die wirklich alles! Leb wohl, Sammy.«

Marius nahm von dem Mann, der auf dem Weg wartete, im Vorübergehen einen Umschlag an, in dem es verheißungsvoll knisterte. Danach wandte er sich ab, bevor der Schuss ertönte. Marius mochte kein Blut.

FREIZEITTIPPS

94 Deutsch-polnische Strandpromenade
Die zwölf Kilometer lange deutsch-polnische Strandpromenade, die von Basin bis Swinemünde führt und an der auch Heringsdorf liegt, ist einzigartig in Europa. Sie führt, bei Nacht streckenweise von Solarleuchten erhellt, immer die Ostsee entlang bis zur deutsch-polnischen Grenze und ist vor allem bei Radlern sehr beliebt. Vor allem an Sonn- und Feiertagen herrscht hier reger Grenzverkehr.

95 Strandhotel Heringsdorf
Das »Strandhotel Heringsdorf« ist ein traditionsreiches Hotel (erbaut 1886), das direkt an der Strandpromenade liegt. Der Lyriker Theodor Deubler war hier ebenso zu Gast wie Heinrich Mann, der im Jahr 1923 seinen Urlaub hier verbrachte. Das »Strandhotel Heringsdorf« kann mit einer exzellenten Küche aufwarten, das Frühstück wird in Bioqualität angeboten. Die Zimmer bestechen mit unglaublicher Gemütlichkeit und einem atemberaubenden Blick über die Ostsee. Eine ansprechend gestaltete Wellnessabteilung ist dem Hotel auch zu eigen. Allein die Panoramasauna auf dem Dach ist ein Erlebnis.
Mehr Infos unter:
Strandhotel Heringsdorf
Liehrstraße 10
17424 Heringsdorf
Tel: 038378/2320

E-Mail: info@strandhotel-heringsdorf.de
www.strandhotel-heringsdorf.de

96 Seebrücke

Die Seebrücke in Heringsdorf kann sich sehen lassen und gilt als Wahrzeichen des Kaiserbades. Sie ist nicht nur eine Seebrücke, sondern dort finden sich auch zahlreiche Cafés, Lädchen und Restaurants. Sogar ein Kino befindet sich hier.
Die erste Seebrücke von Heringsdorf wurde als »Kaiser-Wilhelm-Brücke« im Jahr 1893 fertiggestellt und war damals die größte Seebrücke in Europa. Ähnlich wie heute hatten sich auch damals Geschäfte und Cafés entlang der Brücke angesiedelt. Die Brücke diente als Dampffährschiffbrücke, die den Schiffsverkehr nach Swinemünde und andere Küstenorte wie Stettin sicherstellte. Im Krieg wurde die »Kaiser-Wilhelm-Brücke« zerstört, der Neubau wurde 1995 fertiggestellt.
Heute ist die Seebrücke von Heringsdorf mit ihren über 500 Metern Länge die längste ihrer Art in Europa. Der vordere Abschnitt ist überdacht. Am Ende steht ein pyramidenförmiges Restaurant. Einfach in ein Café oder ein Restaurant setzen, auf die Ostsee blicken, den fahrenden Schiffen hinterherträumen und die Seele baumeln lassen!

97 Größter Strandkorb der Welt

Heringsdorf ist der Ort der Superlative, was Längen und Größen angeht, und so verwundert es nicht, dass sich auch der größte Strandkorb der Welt hier befindet. Er steht seitlich der Seebrücke und ist mit seinen sechs Metern Breite, vier Metern Höhe und drei Metern Tiefe ein echter Hingucker. Er bietet Platz für sage und schreibe 90 Personen. Hergestellt wurde er vom Strandkorbhersteller »Korbwerk«. Für den Strandkorb musste eigens ein Fundament gegossen werden, damit die Ostseewinde ihm nichts anhaben können. Der Strandkorb ist dabei, zu einem neuen Wahrzeichen von Heringsdorf zu werden. Sogar ein WLAN Hotspot ist eingerichtet.

98 Eislaufbahn
In den Wintermonaten, von November bis März, ist es möglich, mitten in Heringsdorf direkt am Meer eiszulaufen. Vor der Seebrücke (von Ahlbeck kommend) befindet sich die Eislaufarena. Hat man keine Schlittschuhe dabei, kann man sie sich ausleihen. Ein Imbiss ist ebenfalls vorhanden.
Mehr Infos: www.eisarena-insel-usedom.de

99 Theaterzelt Chapeau Rouge Heringsdorf
Im Sommer steht auf der Eislaufarena ein Theaterzelt, in dem Komödien, Kabarett und Theater gespielt werden. Märchenaufführungen sorgen dafür, dass auch Regentage mit Kindern gut herumgebracht werden können. Wer mag, kann auch die eine oder andere Autorenlesung besuchen. Der Innenraum ist rot samtig gestaltet, vor den Besuchern stehen Bistrotische, sodass man es sich während der Vorstellung wunderbar gemütlich machen kann. Saison ist in der Regel von Mai bis September.
Mehr Infos: www.chapeau-rouge.de

100 Baum des Jahres

Kurz vor der Seebrücke steht eine mächtige Waldkiefer. Dieser Baum war im Jahr 2007 der »Baum des Jahres«. Ein Schild an der Rinde klärt über Vorkommen und Größe des imposanten Baumes auf. Schon das Exemplar in Heringsdorf ist beeindruckend.

101 Kunstpavillon

Der Kunstpavillon gehört dem Usedomer Kunstverein. Hier finden Ausstellungen, Lesungen und Konzerte sowie Kunstauktionen statt. Der Kunstverein versteht sich als Förderer und Entwickler von kulturellem Leben. Ein Besuch im Pavillon ist allen Kunstinteressierten wärmstens zu empfehlen. Der Kunstpavillon besticht durch seine individuelle Form. Er wurde vom Bauingenieur Ulrich Müther in den 60er-Jahren entworfen. Eröffnet wurde er im Jahr 1970. Der Pavillon ist nicht zu verfehlen, er befindet sich gleich neben der Strandpromenade.
Mehr Infos:
Usedomer Kunstverein e.V.
im Kunstpavillon
Promenade am Rosengarten
17424 Ostseebad Heringsdorf
Tel: 038378/22877
E-Mail: info@kunstpavillon-ostseebad-heringsdorf.de
www.kunstpavillon-ostseebad-heringsdorf.de

102 Fischerhütten am Strand

Kommt man von Bansin an der Strandpromenade entlang nach Heringsdorf hinein, durchquert man zuerst das pittoreske alte Heringsdorf, wo die

Fischkutter noch am Strand liegen und sich winzige Fischer- und Räucherhütten in den Dünen befinden. Ein kleiner Stopp ist wärmstens empfohlen.

103 Altes Heringsdorf

Es lohnt sich, einen Blick ins alte Heringsdorf zu werfen und für einen Moment Strand- und Seebädertrubel zu vergessen. Schmale steile Straßen mit wunderbaren alten und stilvollen Villen prägen hier das Ortsbild. Man findet Häuser, in denen Dichter, wie zum Beispiel Theodor Fontane 1863, weilten. Hübsch gestaltete Gärten und Veranden bilden einen starken Kontrast zum Trubel an der Seebrücke.

104 Kaiser Wilhelm Büste mit Villa Staudt

Der deutsche Kaiser Wilhelm I. (1797–1888) war im Jahr 1820 zum ersten Mal zu Besuch in Heringsdorf. Deshalb hat man ihm zu Ehren eine Büste an der Villa Staudt angebracht. Sie steht vor dieser Villa, weil sein Enkel, Wilhelm II., dort später häufig ein- und ausging. Die Villa Staudt beherbergt heute eine Appartementanlage und gehört wohl zu den gefragtesten Adressen in der Stadt.

105 Villa Achterkerke

Die Villa »Achterkerke« liegt etwas versteckt in der Kulmstraße 24. Das Haus ist heute ein exklusives 5-Sterne-Urlaubsdomizil, hat aber eine lange Tradition. Es wurde 1845 erbaut und gehört zu den ältesten noch bestehenden Villen in Heringsdorf. Erbaut wurde die Villa von Georg Bernhard von Bülow, der sie als Gästehaus errichten ließ. 2008 wurde das Haus umfassend renoviert. Mit einer eigenen Treppe gelangt der Gast an den Sandstrand zu den hauseigenen Strandkörben.

Die Villa gehört einer Stiftung, und so fließen die Erlöse aus der Vermietung in den Stiftungstopf »Chancengleichheit und soziale Kompetenz für Kinder der Insel Usedom«.

10. AHLBECK

Ahlbeck ist das dritte der Kaiserbäder und bekannt durch die legendäre Seebrücke. Sie ist die älteste in Deutschland und wurde um das Jahr 1898 erbaut. Der viereckige Bau am Ende mit den Türmchen wirkt genauso, wie man sich die Brücke eines mondänen Seebades vorstellt, und übertrifft an Schönheit die von Bansin und Heringsdorf bei Weitem. Sie begeisterte sogar Loriot. Für den Film »Papa ante portas« wurde sie weiß umgestrichen. Sie diente aber auch für andere Filme als Kulisse.

Historisch gesehen erhielt Ahlbeck erst 1908 den Seebadtitel, zuvor galt es als Bad für arme Leute. Der Spitzname war »Kinderbadewanne«, denn außergewöhnlich viele kinderreiche Familien aus Berlin fuhren hierher. Doch schon bald entdeckten auch Prominente das Seebad, und so fanden sich rasch Gäste wie Jean Paul Ertel (Komponist), Theo Lingen (Schauspieler) oder später Königin Silvia von Schweden hier ein. Mittlerweile ist Ahlbeck von allen drei Kaiserbädern das am meisten frequentierte Seebad.

Die engen Straßen sind häufig als Einbahnstraßen angelegt und prägen das Ortsbild.

Kurz vor der Seebrücke steht eine pittoreske Jugendstiluhr, das Geschenk eines Badegastes, der von Ahlbeck bezaubert war.

Charakteristisch ist, genau wie in Bansin und Heringsdorf, die Seebäderarchitektur, wobei die Häuser in Ahlbeck teilweise noch fantasievoller und uriger empfunden werden. Bunte Holzhäuser mit Türmchen und Schindeln wechseln sich mit klassizistischen Bauten ab.

Ahlbeck ist das Ursprüngliche nie abhandengekommen. Im alten Ortsteil finden sich reetgedeckte kleine Häuschen, und am Strand kann man beim Fischer frischen Fisch erstehen und ihn sich dort auch filetieren lassen. Dazu gibt es ein Schnäpschen.

Einzigartig ist die Strecke durch eine wunderbare Landschaft bis nach Swinemünde – immer auf der Strandpromenade entlang. Unweigerlich kommt man in den Grenzbereich, der heute offen ist. Der ehemalige befestigte Grenzstreifen ist zu einem Refugium für viele Tierarten geworden und wird auch »Reptiliengrenze« genannt. Ein durchgängiger symbolischer Metallüberbau weist auf die Grenze zwischen Deutschland und Polen hin. Über einen Holzbohlenweg, der gleichzeitig die Grenze zwischen Deutschland und Polen bildet, kommt man an den Strand und kann auf dem Weg dorthin beliebig oft die Grenze von Polen nach Deutschland überschreiten, was von den Touristen als Spaß gern genutzt wird. Grenzpfähle in den jeweiligen Landesfarben flankieren den Grenzverlauf.

Mehr Infos:
Touristinformation Seeheilbad Ahlbeck
Dünenstraße 45
17419 Seebad Ahlbeck
Tel: 038378/499350
E-Mail: ahlbeck@drei-kaiserbäder.de
www.ahlbeck.m-vp.de

FALSCHE SCHUHE

»Lass uns bitte auf Usedom Urlaub machen«, schlug Uwe mir vor und wälzte einen Reiseführer nach dem anderen. Über Usedom gab es verdammt viele, und Uwe hatte sie alle gekauft. Das tat er immer, wenn er sich für ein Reiseziel entschieden hatte. Er blätterte die Seiten hin und her, nickte danach bestätigend. »Ich finde Ahlbeck besonders reizvoll. Ein Kaiserbad, klingt das nicht feudal? Da ist für uns beide etwas dabei, sodass wir viel Spaß haben werden. Für dich eine Galerie«, er schlug die Seite noch einmal zurück, »die Galerie Kopp …«

»Galerie Köpp [106]«, verbesserte ich ihn. Mit Kunst kannte ich mich besser aus als er.

»Ja dann Köpp. Und für mich die Ostseetherme [107] zum Schwimmen und Entspannen.« Er kratzte sich am Kopf. »Du weißt, wie sehr ich das liebe!« Uwe war der totale Wellnessfreak. »Außerdem gibt es genug Dinge, die ich ausgiebig erkunden kann, so vielseitig wie Ahlbeck sich darstellt.«

Ich widersprach ihm nicht, und so buchte er, weil er sowieso stets buchte, was ihm gefiel, und sich einen Deut darum scherte, dass mir Malle lieber gewesen wäre. Das hatte ich zwar mal in einem Gespräch erwähnt, aber wie immer war es ihm zum einen Ohr rein-, zum anderen wieder rausgegangen.

Wir zogen in den Ahlbecker Hof [108], denn Uwe empfand das als feudal, wo doch schon Königin Silvia von

Schweden hier residiert hatte. Er hielt sich vermutlich für den König von Dedesdorf, dort lebten wir nämlich in einem kleinen Häuschen an der Weser.

Ich durfte natürlich nicht gleich in die Galerie laufen, denn wenn wir irgendwohin reisten, hatte Uwe immer ein volles Programm, weil er zunächst die Umgebung erkunden wollte. Und da er keine Lust verspürte, allein zu gehen, war ich zwangsverpflichtet, ihn zu begleiten.

Aber wenn man das kannte, hörte man irgendwann auf zu rebellieren. Er begann mit der Seebrücke 109, wo er breit referierte, dass Loriot sie für den Film »Papa ante portas« hatte weiß umstreichen lassen. »Die war vorher nicht so schmuck, das kann ich dir sagen. Habe mir die Bilder angesehen. Hättest du auch tun sollen, dann könntest du die jetzige Schönheit ganz anders würdigen, Sabine!«

Ich würdigte alles, weil ich immer alles zu würdigen wusste, was mir mein Mann so auftischte. Nach der Brücke war die Promenade mit der Jugendstiluhr 110 dran. Natürlich kannte Uwe die dazugehörige Anekdote ebenfalls. »Die hat ein Urlauber der Stadt geschenkt, weil ihn Ahlbeck so begeistert hat.« Ich sah meinem Gatten an, dass er im Geiste bereits sein Abschiedsgeschenk erwog. Das könnte ihm so gefallen, dass *sein* Name in sämtlichen Reiseführern von Usedom erschien. Ich hörte dennoch genau zu, denn spätestens beim Abendessen würde Uwe mich abfragen, ob ich auch gut zugehört hatte. Ihm haftete etwas Lehrerhaftes an. Das war übrigens sein heimlicher Berufswunsch gewesen. Ich glaube, alle Schüler konnten drei Kreuze machen, dass er sich für den KFZ-Mechaniker entschieden hatte, denn Karosserien konnte man schlecht abfragen, und wenn, waren sie geduldig bei der Schelte.

An diesem Abend kam tatsächlich nichts. Uwe wirkte abgelenkt, irgendwie entrückt. So kannte ich ihn gar nicht. »Du kannst morgen gern in diese Galerie gehen. Ich habe den Eindruck, du schätzt es nicht besonders, wenn ich dich überall hin schleife. Du hast schließlich auch Urlaub.«

Also ganz ehrlich: Mir klappte der Mund dreimal auf und zu, als er das sagte. Mein Uwe hatte ein Einsehen! Es hätte mich stutzig machen sollen, aber eigentlich war ich nur froh, ein bisschen mehr Freiheit zu bekommen.

»Und was willst du allein unternehmen? Schon jetzt Wellness?« Das passte nicht, er machte es sich stets zum Ziel, erst sämtliche Sehenswürdigkeiten abzuarbeiten, sonst hatte er das Gefühl, etwas zu verpassen, und konnte deswegen nicht entspannen.

»Ich will an die polnische Grenze 111 radeln und mir dort alles ansehen. Soll sehr interessant sein. Danach gehe ich in die Sauna, das magst du ja sowieso nicht. Morgen kann ich mich in Ahlbeck weiter umsehen.«

Nun, da hatte Uwe recht. Ich mochte weder Grenzanlagen noch Massensaunen, aber ich liebte die Kunst. Und ein Mensch konnte sich schließlich ändern. Ich plante, mit dem Kaiserbäder-Express auf jeden Fall nach Heringsdorf und Bansin zu fahren und mich da in der Kunst- und Literaturszene umsehen. In mir kroch ein ungeahntes Gefühl der Freiheit empor. Ich bekam plötzlich Luft.

Folglich machten wir uns getrennt auf den Weg. Unterwegs kehrte ich in »Uwes Fischhütte« 112 ein. Bei »Uwe« sein zu können, ohne bei meinem Göttergatten sein zu müssen, war ein fast paradiesischer Zustand. Also keine Belehrungen darüber, welche Giftstoffe im Räucherfisch schlummerten, sondern einfach nur genießen. Sie glauben gar nicht, wie herzhaft ich in mein Fischbrötchen biss, obwohl der Fisch fettig war und das Brötchen ungesunde Kohlenhydrate enthielt. Vor lauter Spaß bestellte ich gleich noch ein zweites und glaubte zu platzen. Dann trabte ich los und besichtigte als Erstes die Galerie Köpp, die recht versteckt in Ahlbeck angesiedelt war. Als ich mich auf den Weg zur Haltestelle des Kaiserbäder-Express' machen wollte, piepte mein Handy. Wäre ja auch ein Wunder gewesen, wenn Uwe sich nicht gemeldet hätte. Sein Anliegen war wie immer, mich zu überwachen. Nicht, dass wir uns falsch verstehen: Ich habe nichts gegen Paare, die sich freundliche WhatsApps schicken, und das, weil sie sich freuen, voneinander zu hören. Bei mir und Uwe verhielt es sich allerdings anders. Unter dem Deckmantel der Liebe konnte er so jeden meiner Schritte kontrollieren. Das gefiel ihm außergewöhnlich gut. Komm, Schatz, ich geb dir frei, aber dafür will ich genau wissen, wo du steckst und was du machst. Er hatte sogar diese Ortungs-App auf meinem Handy installiert.

Die Nachricht war natürlich von Uwe. Er radelte gerade über die Promenade in Richtung Polen und schickte mir etwa alle drei Minuten ein Foto. Von der Ostsee (von der ich sicher nicht mal ahnte, wie sie dort aussah), von dem Grashalm, der sich leicht nach rechts neigte, obwohl der Wind ihn doch hätte woanders hinbiegen müssen. Na, eben lauter so Blödsinnsbilder. Er reagierte völlig beleidigt, wenn ich nicht augenblicklich zurückschrieb und ihm meinerseits ebensolche »Beweise« für meinen Aufenthaltsort lieferte. Er erwartete wirklich, dass ich mich im Dreiminutentakt in ähnlicher Form zurückmeldete. Ein Herzchen reichte ihm nicht.

Am Abend trafen wir uns wieder im Hotel. Ich war heute doch nicht nach Heringsdorf gefahren, weil ich nach meinem Besuch in der Galerie die Ruhe ohne Uwe (von seinem WhatsApp-Bombardement mal abgesehen) einfach zu sehr genossen hatte. Schließlich hatte er auch aufgegeben, weil ich auf stur geschaltet und nicht mehr auf seine Nachrichten reagiert hatte.

Statt der Tour nach Heringsdorf hatte ich das Café am Ende der Seebrücke aufgesucht und mir einen Becher heißen Kakao mit Sahne gegönnt, dabei auf die Ostsee geguckt und den auf den Wellen schaukelnden Möwen zugesehen.

»Warum schickst du mir keine Bilder?«, war gleich die erste Frage Uwes. Natürlich von einer steilen Stirnfalte untermalt. Es wirkte lächerlich.

»Ich hab die Galerie genossen und wollte dort nicht ununterbrochen mit einem Handy herumfuchteln«, erklärte ich und bestellte einen trockenen Riesling, den ich mir wunderbar zur angebotenen Scholle vorstellen konnte.

»Ich möchte aber doch wissen, was du so tust ohne mich«, wandte Uwe ein. »Hab auf der App gesehen, dass du auch am Strand gewesen bist. In einem *Fischimbiss*!«

»Ja, war lecker.«

Uwe schüttelte angewidert den Kopf, schwieg aber. Ich war froh, dass er nicht über die ungesunden Fette einer Räuchermakrele referierte. Nach einer Weile hatte mein Gatte das Gesagte verdaut und zwang mir ein Gespräch auf. »Es ist übrigens fantastisch dort an der Grenze. Allein die Promenade an der See entlangzuradeln, ist ein Erlebnis für sich. Links die See, rechts die Natur auf dem Hinweg. Dann die interessante Anlage, wo man mal in Polen und mal in der BRD stehen kann.«

Stimmt, diese Fotos hatten mein Datenvolumen auch nach oben gejagt, denn mein Handytarif war in Ahlbeck schon auf den polnischen Provider umgesprungen, das konnte ja heiter werden, wenn Uwe mit seiner Fotoaktion nicht aufhörte.

»Ich fahre gleich morgen noch einmal hin. Dort, wo früher die Grenzbefestigung war, ist heute ein Grenzstreifen, den man ›Reptiliengrenze‹ 113 nennt, weil sich jetzt unzählige dieser Tiere dort angesiedelt haben. Schau mal!«

Schwupps hatte ich wieder sein Handy vor der Nase. Ich sah die »Reptiliengrenze«, aber ich sah auch etwas völlig anderes. Einen Damenschuh. Zugegebenermaßen in Reptilienoptik. Pumps, grau und in Krokodesign. Er befand sich verdammt dicht an Uwes Schuhen. Ich nahm ihm das Handy aus der Hand, heuchelte Interesse und vergrößerte das Bild. An seiner Hüfte tatschte eine schmale Frauenhand herum.

»Wessen Schuhe sind das?« Mein Tonfall war noch moderat, ich wollte alles wissen.

Uwe schaute genauer hin. Schluckte. Wurde blass. Schluckte erneut. »Weiß nicht, wer das ist«, sagte er schnell, drückte das Bild weg und wechselte das Thema.

Ich zählte eins und eins zusammen. Uwe wollte mich nicht dabei haben. Uwe schickte Fotos, aber nicht nur, um mich zu animieren, auch welche zu schicken, sondern, um selbst ein Alibi zu haben. Und neben Uwe stand ein Schuh, der an einem sehr schmalen Fuß steckte, und das in einem Abstand, der absolut nicht als harmlos einzuschätzen war. An seiner Hüfte tatschte eine Frau herum, die vermutlich zum Reptilienschuh gehörte. Er sollte mir nun ja nicht damit kommen, dass das an der »Reptiliengrenze« gang und gäbe war. Ich war ja nicht blöd. Meine

Kombination war klar: Uwe hatte eine Affäre, und ich musste aus dem Weg sein. Diese Suppe wollte ich ihm gewaltig versalzen. Ganz gewaltig. Damit kam er nicht durch.

Aber zunächst musste ich ja gute Miene zum bösen Spiel machen.

»Sind auf jeden Fall schöne Schuhe«, sagte ich lächelnd. Ich wollte Uwe auf keinen Fall hellhörig machen und lenkte ab, indem ich ihm doch mehr von »Uwes Fischimbiss« erzählte. Glücklicherweise kam dann auch unser Essen, und wir waren abgelenkt.

In Gedanken aber plante ich bereits durch, was ich als Nächstes tun würde.

»Willst du heute wieder alleine los?«, fragte ich scheinheilig, denn es goss in Strömen. »Ich würde sonst nämlich nach Bansin fahren und das ›Hans Werner Richter-Haus‹ besuchen.«

Über Uwes Gesicht glitt ein Strahlen, als er einwilligte, den Tag ohne mich zu verbringen. Am liebsten hätte ich ihn gewürgt. Ehrlich! Aber ich lächelte.

Als Uwe loszog, natürlich hatte er sich noch im Bad mit seinem Männerparfüm »James Bond 007« eingedieselt, ließ ich ihm ein Stück Vorsprung. Mal sehen, was der Kerl mit seiner Reptilienbraut an der »Reptiliengrenze« so trieb.

Sie war blond und gut gebaut. Nicht ganz so hübsch wie Helene Fischer, aber ein ähnlicher Typ Frau. Sie küsste Uwe. Zwar nur kurz, aber einfach so, mitten auf der Promenade! Glücklicherweise ließ sie schnell wieder von ihm ab, sonst wäre ich sofort dazwischen gegangen.

Ich glaubte, meinen Augen nicht zu trauen. Da bewachte mich mein Mann Tag und Nacht, war eifersüchtig, dass es kaum auszuhalten war, und dann betrog er mich auch noch nach Strich und Faden. Ich beschloss, die Flucht nach vorn anzutreten. Wir waren allein dort und ich konnte diese Idylle, wie die beiden sich unter dem Viereck, das wohl die Vereinigung darstellen sollte, nicht mehr ertragen.

»Willst du mir die Dame nicht mal vorstellen?«

Uwe schnellte herum. Er war ertappt, und kurz genoss ich den Überraschungsmoment. Wann hatte ich ihn mal sprachlos erlebt? Er dozierte ausnahmsweise nicht sofort los, sondern rang verzweifelt nach Worten.

»Du weißt jetzt offenbar nicht so genau, was du mir antworten möchtest, oder?«

Die Frau neben ihm grinste breit und machte einen Schritt auf mich zu. Wollte die sich mit mir verbrüdern? Ich bin normalerweise eine sehr ausgeglichene Frau, aber was ich gar nicht ertrage, ist verarscht zu werden. Mein Mann war ein Lügner, ein Tunichtgut. Ich hatte es jahrelang erduldet, mich von ihm gängeln zu lassen, nur um des lieben Friedens willen. Ich hatte immer gute Miene zum bösen Spiel gemacht. Immer.

Klar hatte auch ich Avancen von anderen Männern bekommen, und zwar nicht wenige, aber ich bin stets standhaft geblieben. Und kaum begegnet ihm mal eine Frau, die ihm gefällt, gibt er nach?

»Bin Maria«, sagte die Frau, noch immer lächelnd. Sie hielt mir ihre Hand hin. Der Sprache nach war sie Polin. Ich ignorierte ihre einladende Geste, ich wollte ihre Hand nicht berühren.

»Seit wann?«, fragte ich.

»Maria ist ...«, Uwe druckste herum, »Maria ist schon viele Jahre ... ich hatte sie aus den Augen verloren und ...«

Da sah ich rot. Feuerrot. Ich rannte auf sie zu und schleuderte das Fräulein mit Wucht gegen eine der Ausstellungstafeln. Außerdem hatte ich die Rechnung ohne Uwe gemacht, der mit einem Mal wütend nach meinem Arm griff. Ich versuchte, mich loszureißen, wegen des Regens war meine Jacke glitschig. Er rutschte ab, und ich krachte mit der Schläfe an die Kante des Vereinigungsbogens. Der deutsche Teil wurde mir zum Verhängnis.

Nun sitze ich hier. Und auch noch umsonst. Maria ist Uwes Halbschwester, ein Beweis der Untreue seines Vaters. Uwe fand das peinlich, weil er ja so ein gottverdammter Moralist ist und sich für seinen alten Herrn geschämt hat. Hallo? Ein Wort, und ich könnte noch leben! Nun ist es zu spät. Uwe hat nun keinen Menschen mehr. Marias Schädel war ebenso empfindlich wie meiner. Dafür kann ich meine Zeit nun mit seiner Halbschwester auf Wolke acht und neun absitzen. Tolle Sache, echt!

Es gibt nur ein Gutes: Er kann mir keine WhatsApps mehr schicken und mich überwachen. Hier oben kriegt er mich nicht.

FREIZEITTIPPS

106 Galerie Köpp
Die Galerie Köpp befindet sich in einem kleinen Fischerhaus in der Talstraße und gehört zum Siedlungskern der alten Fischer von Ahlbeck. Allein dieser Teil des Seebades ist sehenswert. Die Galerie liegt etwas versteckt und ist nicht ausgeschildert. Hier eine Wegbeschreibung, denn der Abstecher dorthin lohnt sich: Am Hotel »Ostende« an der Wegbiegung Strandstraße/Dünenstraße befindet sich ein Parkplatz mit Bushaltestelle. Dort ist auch der kleine Fischerweg zu finden, über den man nach kurzer Zeit vor der Fischerkate gelangt. Ausgestellt werden Werke des Malers und Grafikers Volker Köpp. Die Galerie wurde 2004 eröffnet.
Mehr Infos:
Galerie Köpp
Talstraße 13
17419 Seebad Ahlbeck
Tel: 038378/32382
E-Mail: mail@galerie-koepp.de
www.galerie-koepp.de

107 Ostseetherme Usedom/Ahlbeck
Auch für Wellness ist in Ahlbeck gesorgt. Die Ostseetherme mit den Kur- und Wellnessangeboten ist breit aufgestellt und für jeden Geschmack ist dort etwas zu finden. Sechs unterschiedlich temperierte Becken, eine große Saunaanlage mit Saunagarten und ein ausgefeiltes Spakonzept lassen keine Wünsche offen.

Mehr Infos: Ostseetherme Usedom
Lindenstraße 60
17419 Seebad Ahlbeck
Tel: 038378/27314
E-Mail: ostseetherme@drei.kaiserbaeder.de
www.ostseetherme-usedom.de

108 Ahlbecker Hof

Das Hotel »Ahlbecker Hof« gilt als Traditionshotel in Ahlbeck, in dem schon viele prominente Gäste abgestiegen sind, wie die goldenen Tafeln im Eingangsbereich beweisen. So wohnte die Gattin des Reichspräsidenten, Ebert, Luise, hier, genau wie der österreichische Kaiser Franz Josef I. und Königin Silvia von Schweden. Der Schauspieler Theo Lingen stieg im Ahlbecker Hof ab, der ehemalige Bundespräsident Horst Köhler war ebenfalls zu Gast wie auch Prinz Henrik von Dänemark. Erforschen Sie selbst die vielen Schilder und schwelgen Sie im mondänen Flair. Der »Ahlbecker Hof« ist ein prachtvolles Luxushotel direkt an der Promenade und für Gäste mit besonderem Anspruch das genau Richtige. Wellness und Gaumenfreuden sind garantiert.
Mehr Infos unter:
Romantik Seehotel Ahlbecker Hof
Dünenstraße 47
17419 Seebad Ahlbeck
Tel: 038378/620
E-Mail: ahlbecker-hof@seetel.de
www.seetel.de

109 Seebrücke
Die Seebrücke in Ahlbeck besticht durch ihre eigenwillige Form. Am Ende der Brücke befindet sich ein viereckiger Bau mit vier Türmchen, in dem ein Restaurant untergebracht ist. Die Brücke ist die älteste Seebrücke in Deutschland und wurde 1899 gebaut. Im Jahr 1970 war eine Restaurierung nötig. Bis Loriot sie 1990 für seinen Film »Papa ante portas« entdeckte, erstrahlte sie bernsteinfarbig. Für die Filmaufnahmen aber strich man sie weiß um. Gedreht wurden hier aber auch andere Filme: »Die Russen kommen« (1968) und ein mehrteiliger Fernsehfilm nach dem Roman »Jahrestage«(1999).

110 Jugendstiluhr
Vor der Seebrücke steht die Jugendstiluhr, bei der man kurz innehalten sollte, ist sie doch ein Stück traditionelles Usedom. Sie wurde im Jahr 1911 von einem Badegast gestiftet, der sich in Ahlbeck sehr wohl gefühlt hatte.

111 Grenze zu Polen
Die mit der Europapromenade entstandene neue Grenze ist definitiv einen Besuch wert. Die Grenze wird lediglich mittels eines eckigen Durchgangs symbolisiert. Infotafeln erzählen die Geschichte der Europapromenade. Ein Bohlenweg führt an den Strand, von wo aus man bis Swinemünde sehen kann. Rechts des Bohlenweges liegt Polen, links Deutschland. Ein symbolträchtiger Pfad. Viele Deutsche nutzen den sogenannten »Polenmarkt« und radeln mal schnell zum Einkaufen hinüber, etliche polni-

sche Bürger tummeln sich an Sonn- und Feiertagen auf der deutschen Seite, sodass ein reges Treiben herrscht.

112 Uwes Fischerhütte

Das Fischrestaurant liegt direkt an der Promenade und wird schon in der sechsten Fischergeneration betrieben. Hier gibt es alles, was das Fischfeinschmeckerherz begehrt. Und alles je nach Fangsaison. In der Vor- und Nachsaison bieten die Inhaber an, sie auf dem Fischkutter zu begleiten, dazu ist aber eine Anmeldung erforderlich.
Mehr Info:
Uwe Krüger
Strandpromenade 12
17419 Seebad Ahlbeck
Tel: 033878/28199
E-Mail: info@uwes-fischerhuette.de
www.uwes-fischerhuette.de

113 Reptiliengrenze

Der alte Grenzstreifen zwischen Polen und Deutschland ist an der deutsch-polnischen Grenze noch gut als Schneise zu erkennen. Er hat sich als Biotop vor allem für Reptilien entwickelt.

11. USEDOM

In einem Freizeitplaner darf natürlich die Stadt nicht fehlen, die der Insel ihren Namen gegeben hat. Man nennt Usedom auch das südliche Tor zur Insel. Ihr wurde 1298 das Stadtrecht verliehen und sie hat sich ihren ursprünglichen Kern erhalten. Die Stadt galt bis ins 19. Jahrhundert als arm, doch als 1876 die erste Eisenbahnlinie entstand, die mit dem gleichzeitigen Bau des Usedomer Bahnhofs verbunden war, lebte Usedom auf. Nachdem 1930 auch noch die Zecheriner Brücke eingeweiht und vier Jahre später die Eisenbahnhubbrücke in Karnin ihrer Bestimmung übergeben wurde, konnten die Badegäste auf direktem Weg auf die Insel gelangen, was der Stadt zusätzlichen Aufschwung brachte.

Die Altstadt Usedoms betritt man am besten durch das Anklamer Tor. Von dort aus kann der Besuch gestartet werden, denn man befindet sich dicht an der Marienkirche. Rund um die Kirche liegen kleine Cafés und Lädchen, die zum Verweilen oder Bummeln einladen.

Zur Stadt Usedom gehören noch andere Ortsteile wie Kölpin, Krummin, Zecherin und viele mehr. Es lohnt sich, einen Spaziergang zum Usedomer See und hinauf zum Schlossberg zu machen.

Und ein Abstecher in den »Usedomer Winkel« sollte bei einem Besuch in Usedom nicht fehlen, allein wegen der interessanten Geschichte der Eisenbahnhubbrücke von Karnin und der heute noch befahrbaren Brücke von Zecherin.

Im Zweiten Weltkrieg wurden beide Brücken von der Wehrmacht gesprengt und anschließend nur die in Zecherin erneut aufgebaut. Letztere wurde von 1999–2000 vollständig saniert, während die Hubbrücke in Karnin, obwohl der mittlere Brückenteil bei der Sprengung unbeschädigt blieb, nicht wieder aufgebaut wurde. Als die Karniner Hubbrücke dann ganz abgerissen werden sollte, verhinderten das erst ein Pfarrer und ein Naturschutzbeauftragter wegen der dort nistenden Turmfalkenkolonie. Später gründete sich der Verein »Usedomer Eisenbahnfreunde e.V.« mit dem Ziel, das Brückenbauwerk zu erhalten. Heute steht es unter Denkmalschutz.

Mehr Infos:
Stadtinformation Usedom
Bäderstraße 105
17406 Usedom
Tel: 038372/70890
E-Mail: stadtinfo.usedom@t-online.de
www.stadtinfo-usedom.de

TÖDLICHE HILFE

Sandra war abgehauen und stand unschlüssig vor dem Anklamer Tor **114** mit der Heimatstube **115**. Mal raus aus der Kurklinik, sie hatte es einfach nicht mehr ausgehalten. Ein Termin jagte den nächsten, am schlimmsten waren die Gruppensitzungen. Vor allem mit Maren.

»Du hör mal, Sandra, ich finde, dass du dich nicht ausreichend in die Gruppe einbringst. Es reicht nicht, wenn du hier nur sitzt und zuhörst. Wir müssen ja auch was von dir erfahren.« Maren rückte nach diesen Ergüssen ständig die Brille zurecht. Sie war bestimmt Lehrerin, doch genau wusste Sandra das nicht. Weil sie immer abschaltete, wenn zu viel geredet wurde. Maren redete eindeutig zu viel. Außerdem ließ sie keine Aussage unkommentiert. Also hieß es jetzt: bloß weg!

Sandra trat durch das Tor und steuerte auf die Marienkirche **116** zu. Hier hoffte sie, etwas Ablenkung zu finden. Kirchen hatten eine beruhigende Wirkung auf sie. Ja, sie war krank, verdammt nochmal, und sie hatte gehofft, die Kur würde ihr helfen. Stattdessen ging es ihr schlechter als je zuvor. Sie plagte das Heimweh, sie litt unter dem Druck, alles richtig machen zu müssen, und sie hasste es, vor den Fremden ihre Seele zu entblößen. Sie hörte doch, wie über die anderen am Nebentisch gelästert wurde, wenn sie sich der Gruppe offenbart hatten.

Sandra betrat die Kirche mit dem Holzgestühl und dem roten Teppich in der Mitte. Sie steuerte auf den

Altar zu, der mit einem weißen Tuch bedeckt war. Dann ließ sie sich auf einer der Bänke nieder und faltete die Hände, doch sie bekam den Kopf nicht frei. Verdammt, sie wollte hier gesund werden, und ihre Gedanken waren blockierter denn je. Nach einer halben Stunde verließ sie die Marienkirche wieder und umrundete den Marktplatz. Obwohl sie mit gesenktem Kopf lief, bemerkte sie in Höhe der Bücherbaumskulptur 117 eine Bewegung, die sie aus ihren Gedanken riss. Ein roter Schopf kauerte davor, und da es nicht so viele kurze rote Schöpfe gab und schon gar nicht an Frauen, die zudem eine dunkelblaue breite Brille trugen, ahnte Sandra, wer sich ebenfalls auf den Weg hierher gemacht hatte. Nein, nicht auf den Weg hierher, sie war ihr gefolgt, so wie sie ihr in der Klinik ständig folgte. Keine der Zurückweisungen hatte Erfolg gehabt, sodass sie schließlich die Klinikleitung aufgesucht hatte, die ihr aber auch nicht helfen wollte. Es sei normal, dass man innerhalb der Kranken Kontakte suchte. Aber wenn man doch keinen Kontakt wollte?

»Da bist du ja«, lächelte Maren sie ohne die Spur eines schlechten Gewissens an. »Ich dachte, wir beide könnten einen feinen gemeinsamen Tag in Usedom verbringen und uns über unsere Probleme austauschen.«

Sandra schwieg, denn sie wollte alles, nur nicht, sich mit Maren über ihre Probleme austauschen. Was hatte der Psychologe noch gesagt? »Man muss auch Nein sagen können, lasst euch von eurer Umgebung nicht ständig beeinflussen und fremdbestimmen.«

Was anderes passierte allerdings nicht während dieser vermaledeiten Kur. Sie war fremdbestimmt und am allermeisten von Maren, die einfach keine Ruhe gab. »Ich hab mir ein paar feine Dinge überlegt, die wir in Usedom tun könnten.«

»Du …«, begann Sandra, »du, ich bin eigentlich hierher gefahren, weil …«

»Das ist ja klasse! Zwei Doofe, ein Gedanke, sagt man so schön? Womit beginnen wir? Mit dem Skulpturengarten 118 oder mit der Spinnwerkstatt in ›De Spinndönz‹ 119 ? Da kann man sogar Kurse belegen, wir könnten aber auch einfach nur ein bisschen schnüstern.« Maren umarmte Sandra. »Ach bin ich froh, dich getroffen zu haben. Ich habe hier im vergangenen Jahr eine Stadtführung 120 mitgemacht. Grandios, sag ich dir. Grandios!«

»Du Maren …«

Die hörte ihr gar nicht zu, sondern zerrte Sandra in Richtung des Spinnladens. »Zum Skulpturengarten habe ich doch keine Lust«, hatte sie beschlossen. Sie betrat das kleine Lädchen, musste aber erfahren, dass der Spinnkurs am Nachmittag bereits voll war. »Wie schade. Und nun? Haben Sie eine Idee?«

»Das Wetter ist so wunderbar, warum machen Sie nicht einen Ausflug zur Karniner Brücke 121 ?«, schlug die Dame im Laden vor. »Die muss man schließlich gesehen haben!«

Maren wurde blass, trat einen Schritt zurück und musste sich am Tisch festhalten. Sandra packte sie an der Schulter. »Hey, was ist los?«

»Nichts«, antwortete Maren zerstreut. »Nichts, geht schon wieder.« Sie setzte ein Lächeln auf, das allerdings nicht ehrlich wirkte. »Gibt es noch etwas anderes? Ich habe zwar mein Auto mit, das ich an diesem Teich mit dem Stein 122 geparkt habe, nur ist es ja doch ein Stück zu fahren.«

»Nun, wenn Sie schon in der Kirche waren, kann ich den Schlossberg 123 empfehlen, oder Sie machen einen Ausflug an den Usedomer See 124. Kennen Sie sich ein bisschen aus? Dort gibt es eine kleine Badestelle 125, da sind Sie ganz für sich.«

»Ich kenne mich aus«, freute Maren sich. »Was meinst du, Sandra? Wollen wir da hin?«

Sandra nickte stumm. Das mit dem »Neinsagen« klappte absolut nicht. Maren schleifte sie zurück durchs Anklamer Tor in Richtung des Tümpels. »Ich freu mich so, in dir eine Freundin gefunden zu haben.«

Sandra schwieg dazu, stieg aber in Marens Auto ein. »Wollen wir nicht doch zur Kariner Brücke?«, fragte sie vorsichtig. »Ich war dort noch nie und stelle es mir interessanter als eine Badestelle vor.«

Maren stockte wieder, ihre Hände zitterten. »Ich weiß nicht...« Dann umklammerte sie das Lenkrad so fest, dass ihre Knöchel weiß hervorstachen. »Du hast recht ... Mit dir wage ich es.« Sie wendete den Wagen ruckartig und schoss aus der Parklücke heraus auf das holprige Pflaster. Die Strecke zur Brücke schwieg Maren, ein ungewöhnlicher Zustand. Normalerweise plapperte sie ununterbrochen. Sie fuhren aufs Rondell, wo ein paar Wohnmobile parkten. Die Brücke ragte wie ein Gerippe vor ihnen auf.

»Schön ist sie nicht«, stellte Sandra enttäuscht fest. Sie hatte etwas anderes erwartet.

»Nein, schön nicht, aber einzigartig«, stimmte Maren ihr zu. Ihre Stimme klang belegt, sie fuhr in eine freie Parklücke und stellte den Motor ab. Dabei legte sie die Stirn aufs Lenkrad und verharrte so eine ganze Weile.

Schließlich hielt es Sandra nicht mehr aus und stupste Maren an. »Was ist los mit dir?«

Die schüttelte den Kopf, sah allerdings nicht auf. Ihre Schultern zuckten, sie schien lautlos zu weinen. Sandra nahm sie in den Arm. »Nun sag schon, was mit dir los ist!«

Es dauerte noch etwas, dann löste sich Marens Verkrampfung, und sie schaute Sandra mit tränenüberströmtem Gesicht an. Ihre Augen wirkten verändert, so als wäre sie gar nicht in der richtigen Welt. »Weißt du, wir hätten nicht herfahren sollen. Ich dachte, es geht, aber es geht eben nicht.«

Sandras Mund wurde trocken. »Was willst du mir damit sagen, Maren?« Sie schaute aus dem Fenster. Um sie herum waren viele Menschen, ihr konnte nichts geschehen, wahrscheinlich war dies wieder eine ihrer theatralischen Macken. Die Türschlösser klackten, sie saß in der Falle und als sie den Kopf wandte, erkannte sie, dass Maren ihr ein Messer an die Taille drückte.

»Maren, was soll das?«

»Meinst du, meine Depressionen, all das kommt von allein?« Sie senkte die Stimme und glitt in einen eigenartig monotonen Tonfall ab.

»Wolf war meine große Liebe. Konnte ich ahnen, was für ein Mensch er wirklich ist? Wir wollten heiraten, alles war gut. Sogar eine Wohnung hatten wir schon. Als wir die Kisten auspackten, fielen mir mehrere Fotoalben in die Hände. Fünf, um genau zu sein. Fünf Alben mit fünf verschiedenen Frauen. Manche hübsch, manche eher durchschnittlich. Ich konnte damit zunächst nichts anfangen. Dachte, er habe sie zufällig dabei. Weißt du, wenn man sehr verliebt ist, dann sucht man für alles freundliche Erklärungen und will viele Dinge nicht wahrhaben. Es gab ein paar Bildunterschriften. Klara hieß die eine, Simone die nächste. Jenny, Barbara und Heike. Auf keinem der Bilder war er mit drauf, wie hätte ich da eine Verbindung herstellen sollen? Ich beschloss, ihn nicht darauf anzusprechen, jeder braucht ja seine Geheimnisse. Das war ein Fehler, weißt du? Man muss in einer Beziehung alles ansprechen dürfen, denn totschweigen ist gefährlich. Ich habe es zunächst nicht getan. Bis Wolf immer häufiger wegblieb. Dienstreisen häuften sich, war er zu Hause, erreichten ihn Anrufe, die er wegdrückte, wenn ich dazukam. Ich dachte, er hätte eine Affäre. Aber wieder schwieg ich.

Das zog sich über viele Monate. Mal war Ruhe, dann begannen wieder seine unruhigen Phasen. Er war in der Zeit völlig verändert. Nicht der Mann, den ich kennengelernt hatte. Wie geht man als junge Frau damit um? Damals gab es ja keine Handys oder so etwas. Nichts, das ich heimlich hätte checken können.

Als er aber eines Nachts recht spät nach Hause kam, konnte ich mich nicht mehr zurückhalten und habe ihn mit meiner Angst konfrontiert. ›Ich glaube, du hast eine andere Frau‹, habe ich ihm an den Kopf geworfen. Und fragte, was das alles mit diesen Fotoalben auf sich habe. Seine Augen wurden ganz schmal, er hat nichts gesagt. Kannst du dir vorstellen, wie furchtbar es ist, wenn dieses totale Schweigen kommt? Das absolut totale Schweigen? Nein, das kannst du nicht. Er hat mich wortlos gepackt und ins Schlafzimmer gezogen. Rollos runter. Tür zu.

Er war lange weg. Ich hatte Hunger und Durst, aber irgendwann stand er wieder vor mir. Er hat mir die Augen verbunden und mich ins Auto gezerrt. Ich weiß nicht mehr, wie lange wir gefahren sind. Draußen war es kühl. Er hat mich eine Metalltreppe heruntergestoßen und in einen Kellerraum gesperrt.

Mich hat keiner vermisst. Freunde hatten wir nicht, und meine Eltern waren längst tot. Die Grenzen in den Westen waren seit etwa einem Jahr offen, hinterher wusste ich, dass er mich nach Usedom in eine Datscha gebracht hatte. Hier in der Nähe der Brücke. Ich hörte das Tuten der Schiffe, das Lärmen der Motoren, wenn die Fähren ablegten, aber ich konnte mich nicht bemerkbar machen, weil die kleine Laube zu weit ablag. Am Morgen weckte mich das Geschrei der Seevögel, am Abend erklang als Letztes der Ruf der Eulen. Das waren Glücksmomente, denn sonst gab es ja keine Abwechslung. Wolf schaute einmal täglich vorbei und brachte mir was zu lesen, ein paar Kreuzworträtsel. Später durfte ich sogar Radio hören. Aber eines tat er seitdem nie mehr: Er sprach kein Wort mit mir. Kein Wort, Sandra. Trotzdem hat er einen Fehler gemacht. Einen kapitalen Fehler. Das war dieses Radio. Ich hatte es Tag und Nacht laufen, um nur ja nichts zu verpassen von der Welt da draußen, an der ich nicht weiter teilhaben durfte.

Einmal hörte ich, dass man mich doch suchte, weil ich nicht mehr zur Arbeit erschienen war. Wolf hatte mich als vermisst gemeldet, und ich war eine von mehreren Frauen, die in Mecklenburg-Vorpommern spurlos von einem Tag auf den anderen verschwunden war. Auch die Namen von Heike und Barbara fielen. Da machte es Klick in meinem Kopf. Die Fotoalben. Und mir wurde klar, dass mein Freund, den ich hatte heiraten wollen, ein Mörder war. Entweder saßen die Frauen so wie ich in irgendeinem Keller gefangen, oder er hatte ihnen etwas angetan. Beides war schlimm, und ich wusste nicht, was ich ihnen wünschen sollte, denn dieser Höllentrip, dem Wolf mich mit der Gefangennahme aussetzte, war unerträglich.

Ich hörte mittlerweile Stimmen, hatte mir die Haut blutig gekratzt und mir die Haare büschelweise ausgerissen, weil ich mit der schrecklichen Situation nicht zurechtkam.

Dann nahte das Weihnachtsfest. Wolf brachte mir tatsächlich eine Gans vorbei, allerdings war sie völlig versalzen. Dieses Mal wollte ich Klarheit. Ich schoss vor, umkrallte seinen Arm: ›Nun sag mir, wer die Frauen sind! Was hast du mit ihnen getan? Was hast du mit mir vor?‹

Er setzte sich zu mir und sah mich lange stumm an. Und endlich, endlich machte er den Mund auf. ›Sie sind alle tot.‹

Er wollte gleich wieder aufstehen, aber das konnte ich unmöglich zulassen. Also hängte ich mich an ihn. ›Und was wird aus mir?‹

›Du bist auch tot. Bald.‹

Ich schluchzte und ließ ihn los. Die Nacht war besonders still, weil er mir das Radio fortgenommen hatte. Ich hörte nicht einmal das Tuten der Schiffe. Mir klangen lediglich seine letzten Sätze im Ohr. ›Sie sind alle tot und du bist es bald auch.‹

Warum aber hatte er mich nicht gleich beseitigt? Die Beantwortung der ersten Fragen hatte neue aufgeworfen. Besser ging es mir beileibe nicht. Als er das nächste Mal kam, schien er schon zu erwarten, dass ich mit meiner Fragerei noch nicht durch war.

›Ich konnte es bislang nicht tun‹, sagte er, bevor ich ihm meine Fragen stellen konnte.

Ich formte ein lautloses ›Warum?‹

›Ich warte auf den nächsten Vollmond, und du warst noch nicht dran. Außerdem …‹, er betrachtete mich lange, ›habe ich bisher nie eine Frau umgebracht, die ich liebe. Die anderen waren Flittchen. Das mit dir wird meine besondere Herausforderung, denn ich werde mitleiden, und diese Qual genieße ich schon im Vorfeld.‘

›Flittchen‹, wiederholte ich.

›Huren. Haben einfach die Beine breitgemacht, wenn ich das wollte. Ohne Rücksicht auf ihre Männer und Kinder.‹

›Wenn du das wolltest‹, wiederholte ich und hatte Mühe, das alles zu verstehen.

›Ich habe die Weiber angesprochen, immer darauf geachtet, ob sie Ringe tragen. Haben sie meinen Drink abgelehnt oder mir einen Korb gegeben, durften sie leben. Aber haben sie meinem Werben nachgegeben …‹

Ich schaute ihn fragend an, ich verstand es nicht. ›Meine Mama hat mich damals wegen eines anderen Mannes verlassen. Er war ihr wichtiger als ich.‹ Wolf klang mit einem Mal wie ein kleiner Junge. Er hasste also Frauen, die fremdgingen, aber ich, ich hatte ihn doch nie betrogen. ›Warum ich?‹

Er hatte keine Antwort, das sah ich ihm an. Ich hatte nur die falschen Fragen gestellt. Das war meine Chance. ›Ich liebe dich, Wolf‹, erklärte ich ihm. ›Ich habe dich nie hintergangen und würde das auch nie tun. Lass mich raus, und wir fangen gemeinsam ein neues Leben an. Ich werde dich nie verraten, wir gehören doch zusammen.‹

Er stand auf und verließ den Raum. Vermutlich glaubte er mir nicht. Aber er kam zurück.

›Du bist hässlich wie die Nacht‹, sagte er und hatte wahrscheinlich recht. So, wie mir die Haare in alle Richtungen standen. Die, die noch da waren. Damals waren sie nicht pfiffig geschnitten und so schön rot.

›Ich gehe zum Friseur, ich mache mich schön für dich‹, versprach ich ihm.

Er nickte. ›Ich glaube dir. Heute Nacht hole ich dich. Uns soll niemand sehen.‹

Ich suchte zusammen, was mir wichtig war. Ein paar Bücher, ein Kuscheltier. Viel war es nicht, aber das kurze Stück zum Wagen in der Nacht war meine einzige Chance, ihm zu entkommen.

Wolf war nervös, das merkte man. Er ließ mich vorgehen und hakte mich unter, sodass ich unsicher war, wie ich abhauen sollte. Draußen schlug mir die klare Sommerluft entgegen. Ich hatte so viele Jahre keine frische Luft genossen. Und nun überwältigte mich dieses Gefühl von Freiheit. Ich beschleunigte meinen Schritt, aber Wolf ließ mich einfach nicht los. ›Wohin gehen wir?‹, fragte ich ihn.

›Zum Steg. Da liegt ein Boot, und damit setzen wir zum Festland über.‹

Der Mond spiegelte sich in den leichten Wellen, ein paar Möwen schwammen unter dem Steg. Wir waren ganz allein hier. Ich und Wolf. Das Wasser gluckste, wenn es gegen die Pfähle des Stegs klatschte. Wolf hielt mich fest umklammert und stieß mich sacht vor sich her.«

Maren stockte und sah Sandra an. Das Messer berührte noch immer ihre Seite. »Was ist weiter passiert?«, hakte sie nach, obwohl sie es sich denken konnte. Aber vielleicht war es möglich, dass ihre Worte das Unvermeidliche noch etwas herauszögerten.

»Das willst du nicht wissen.« Maren steckte das Messer tatsächlich ein, wendete den Wagen und fuhr rasch aus der Parklücke. »Wir fahren zurück nach Usedom, und du holst dein Auto. In der Klinik suchen sie bestimmt schon nach uns.«

Sie fuhr viel zu schnell, und Sandra wurde immer wieder auf ihrem Sitz herumgeschleudert, weil Maren durch alle Schlaglöcher donnerte.

»Maren, nun hör auf. Dir ist Schlimmes widerfahren, aber ich werde dich nicht verraten. Du musst uns ja nicht totfahren, damit ist uns doch auch nicht geholfen.«

Maren reagierte nicht. Sie war wie von Sinnen. Kaum waren sie in Usedom angelangt, löste sie die eingeschaltete Türsperre und stieß Sandra aus dem Auto. »Ich hab dir nichts erzählt«, sagte sie. »Gar nichts. Und ich habe dich auch nicht bedroht. Kein Wort, Sandra! Kein Wort!«

Als Sandra auf dem Gehweg stand, raste Maren von dannen. Die Kirchturmglocke der Marienkirche schlug dreimal. Es wurde in der Tat Zeit, in die Klinik zurückzukehren. Aber Sandra war nicht wohl in ihrer Haut, sie konnte mit dem, was da eben passiert war, absolut nichts anfangen. Hatte Maren ihr da eine völlig absurde Geschichte aufgetischt, oder war an der Story wirklich etwas dran? Dann war Wolf sicher tot, bestimmt hatte sie ihn ermordet. Nur: Wo war seine Leiche?

War Maren ihm entkommen, er noch immer auf der Suche nach ihr und sie auf der Flucht vor einem Massenmörder?

Sandra überlegte. Wenn es diese toten Frauen wirklich gegeben hatte, müsste man doch im Internet etwas darüber finden.

Sie suchte in der Nähe des Schlossbergs ein Café auf und nahm ihr Handy heraus. Sie googelte sich durchs Netz und wurde tatsächlich fündig. Es waren in den 90er-Jahren ein paar Frauen aus Mecklenburg spurlos verschwunden, und es gab auch eine Heike und eine Barbara darunter. Aufgeklärt wurde nie, was genau passiert war. Sandra googelte nach einem Mann namens Wolf, fand allerdings nichts.

In der Klinik benahm Maren sich wie gewohnt. Sie grüßte Sandra, drängte ihr, wann immer es ging, ein Gespräch auf. Auch ihre Aufdringlichkeit hatte nicht nachgelassen.

»Hilfst du mir?«, fragte sie nach drei Tagen. Sandras Gefühl hatte sich merklich verschlechtert.

»Wobei? Bei der Suche nach der Leiche?«

Maren nickte. »Genau. Ich habe ihn damals gestoßen, er ist ins Wasser gefallen. Dort am Bootssteg an der Karniner Brücke. Aber weißt du noch was?«

Sandra sah sie abwartend an.

»Er ist nicht wieder aufgetaucht, nur kann ich nicht sagen, ob er irgendwo aus dem Wasser gestiegen ist und mir nun auflauert.«

»Ich kann dir nicht helfen. Geh zur Polizei. Das war doch Notwehr.« Sandra wusste auch nicht, was sie tun sollte.

»Es war Mord. So werden sie es drehen. Ich muss wissen, was passiert ist! Wie soll ich gesund und angstfrei leben, wenn ich nicht weiß, ob er vielleicht nur darauf wartet, mich endlich zu töten, so wie er es versprochen hat!« Sie senkte ihre Stimme. »Oder er mich womöglich nochmal einsperrt. Ich glaube, er spielt dieses irre Spiel noch immer mit mir. Es hört nie auf.«

Sandra war hin und her gerissen. Sie wollte in der Kur Kraft tanken, um sich anschließend ein neues Leben aufzubauen, und doch wurde sie von Maren derart vereinnahmt, dass es unmöglich war, das zu tun. Ruhe würde sie wohl erst finden, wenn sie es hinter sich brachte. »Also gut«, willigte sie schließlich ein, »ich fahre mit dir dorthin. Ein allerletztes Mal.«

»Heute Abend. Wir sind pünktlich zum Einschluss wieder da. Punkt zehn machen sie die Türen ja rappeldicht. Wie im Knast.«

Sandra hatte ein mulmiges Gefühl. Wonach Maren auch immer nach all den Jahren suchte, sie würde es dort an der Karniner Brücke im Stettiner Haff sicherlich nicht finden. Aber damit sie das begriff, musste sie es erst für sich klar bekommen. Wenn Wolf tatsächlich tot war, hätte man ihn entweder längst gefunden oder er wäre von den Fischen aufgefressen worden.

Sie waren allein am Bootshafen, der Hafenwärter hatte Feierabend, Wohnmobile standen nicht dort. Maren lief zielstrebig auf den Steg zu. Sie wirkte fast euphorisch. »Hier habe ich ihn gestoßen. Genau hier«, erklärte sie. »Schau!«

Sandra näherte sich.

»Unter dem Steg, du musst schon richtig hinsehen!«

Sandra krauste die Stirn, folgte dann Marens Aufforderung. Plötzlich erhielt sie einen Stoß. Das Wasser war kalt und schlug über Sandras Kopf zusammen. Als sie wieder auftauchte, suchte sie nach Maren, doch als sie sie entdeckte, wurde sie mit einem Ruder unter Wasser gedrückt. Erneut kämpfte Sandra sich an die Luft und versuchte, Maren auszuweichen. »Was soll das?«, gurgelte sie. »Ich will dir doch helfen.«

»Es gibt keinen Wolf.« Maren lachte grell auf. »Es gibt kein Kellerloch. Es gibt nur die verschwundenen Frauen! Und das …«, ihre Stimme schwoll voller Stolz an, »das ist allein *mein* Werk.«

Sandras Kräfte schwanden, denn noch während Maren ihre Erklärungen abgab, hörte sie nicht auf, sie mit dem Ruder davon abzuhalten, das Ufer zu erreichen. So lange, bis Sandra keine Kraft mehr hatte, was allein wegen der dicken Kleidung nicht lange dauerte.

»Ich hasse Weiber mit dem Helfersyndrom, die jeden Scheiß glauben. Wie meine Mutter, die auch auf alles und jeden reingefallen ist und deshalb ständig auf die Nase gefallen ist. Für alle hatte sie Zeit, nur nicht für mich! Und du Gutmensch bist genauso!«

Schließlich sank Sandra mit dem Kopf unter Wasser, verlor die Orientierung und holte einmal tief Luft.

Maren hängte das Ruder zurück, vergewisserte sich, dass keiner ihre Tat gesehen hatte, doch es war totenstill an der Karniner Brücke. Sie musste lediglich abwarten, bis jemand kam. Endlich tauchten die Lichter eines Wohnmobils auf. Maren stellte sich in Positur. »Hilfe, sie ist nicht wieder aufgetaucht!«, schrie sie verzweifelt.

Die Leute holten Polizei und Feuerwehr, irgendwann zerrte man die tote Sandra an Land.

Maren genoss derweil den warmen Tee und die vielen Decken, die mitfühlenden Worte. Ja, sie habe alles versucht, als Sandra ausgeglitten war. Wirklich alles. Aber das Schicksal war gegen sie. Und sie müsse nun zurück in die Klinik.

Dort angekommen machte sie ein Häkchen hinter Sandras Namen auf ihrer Liste. Morgen wollte sie mal schauen, wer sich wieder nett um sie kümmern konnte.

FREIZEITTIPPS

114 Anklamer Tor

Das Anklamer Tor ist der Zutritt zur Altstadt von Usedom. Es wurde 1481 zum ersten Mal erwähnt und ist das älteste erhaltene Bauwerk der Stadt. Reste der ehemaligen Stadtmauer sind hier noch zu erkennen. Im 18. und 19. Jahrhundert diente es als Stadtgefängnis. Seit 1960 ist darin das Heimatmuseum »Die Heimatstube« untergebracht. Auch heiraten ist im Anklamer Tor möglich.

115 Heimatstube

In der »Heimatstube« im Anklamer Tor ist das Leben der hier ansässigen Fischer und Bauern aufgezeigt. Das Museum ist von Montag-Freitag von 11–12 Uhr geöffnet. Der Eintritt ist frei, das Museum freut sich aber über Spenden.

116 Sankt Marien Kirche Usedom

Die Sankt Marien Kirche Usedom prägt das Bild der Altstadt. Sie stammt aus dem 14. Jahrhundert. Nach einem Stadtbrand wurde sie zu dem heutigen dreischiffigen Bau neu gestaltet. In der Kirche befinden sich alte Grabsteine. Einer ist dem einstigen Fürst Ratibor und seine Ehefrau Pribislawa gewidmet, weil sie sich um die Gründung des Klosters Grobe verdient gemacht haben. Rechts befindet sich der Grabstein des Bürgermeisters Otto Volkmar aus dem Jahr 1637. Er war der Initiator des Glockengusses. Eine Holzskulptur, die der Künstler Günter Roßburg geschaffen hat, ist sehenswert. Sie zeigt den Apostel der Pommern, den Bischof von Bamberg.

117 Bücherbaum Skulptur

Hinter der Kirche befindet sich am Marktplatz eine interessante von Raik Vicent geschaffene Holzskulptur. Auf vier Füßen steht ein Bücherschrank mit gläsernen Fronten, gefüllt mit Literatur zum Tauschen. Wer also ein Buch übrig hat und gern was Neues lesen möchte, kann sich hier bedienen und legt als »Bezahlung« ein anderes Buch hinein. Eine lesende Figur komplettiert das Ensemble.

118 Skulpturengarten

Im Ortsteil Wilhelmsfelde hat der Künstler Karl Wichary einen Skulpturengarten geschaffen. Wer diese Art von Kunst liebt, sollte unbedingt dorthin einen Abstecher machen.
Mehr Infos:
Karl Wichary
Dorfstraße 4
17406 Usedom OT Wilhelmsfelde
Tel: 0176/70900567
www.glossom.com/karlwichary

119 De Spinndönz

»De Spinndönz« ist ein besonders uriger Laden direkt an der Marienkirche gelegen. In dem historischen Haus befindet sich ein kleines Geschäft, das Natur- und Wollwaren vertreibt. Angeschlossen ist eine Schauwerkstatt, wo man beim Spinnen und Weben zuschauen kann. Auch Schnupperkurse

werden angeboten. Wolle gehört einfach eng zu Usedom, nicht umsonst findet auf dem Marktplatz jährlich der traditionelle Lämmermarkt statt.
Mehr Infos:
De Spinndönz
Naturwaren
Markt 16
17406 Usedom
Tel: 038372/76390
E-Mail: spinndönz@t-online.de
www.spinndönz.de

120 Stadtführungen

In einer so alten Stadt dürfen auch die Stadtführungen nicht fehlen, und so gibt es in Usedom die Möglichkeit, mit dem Schließer des Stadtkerkers einen Rundgang zu machen. Sie erfahren viel Wissenswertes über die 700 Jahre alte Stadt. Die Anmeldung erfolgt über die Stadtinformation unter der Telefonnummer: 038372/70890. Der Treffpunkt ist vor dem Anklamer Tor, teilnehmen kann man nur nach Voranmeldung.

121 Karniner Brücke

Die Karniner Hubbrücke ist kein schönes, aber durchaus interessantes Bauwerk, zu dem man einen Abstecher machen sollte.
Zunächst war sie eine einfache Brücke, über die vor allem die Berliner auf die Insel gelangen konnten. Doch schon bald wurden höhere technische Anforderungen gestellt, und man begann mit dem Bau der Hubbrücke.

Sie wurde 1933 fertiggestellt und gehörte zu der über Swinemünde führenden Bahnstrecke Heringsdorf-Wolgaster Fähre. Der Vorteil bestand darin, dass der Fährverkehr im Peenestrom nicht unterbrochen werden musste.

Im Zweiten Weltkrieg wurde die Brücke von der Wehrmacht gesprengt, um der Roten Armee den Vormarsch zu erschweren, und nicht wieder aufgebaut. Der vollständige Abriss konnte 1990 von einem Aktionsbündnis verhindert werden. Diese Initiative kümmert sich auch heute noch um dieses Erbe.

122 Teich mit Stein

Bevor man die Altstadt durch das Anklamer Tor betritt, kommt man an einem Dorfweiher mit einem Findling, an dem eine Gedenktafel angebracht ist, vorbei. Der Stein ist allen Bürgern der Stadt gewidmet, die die Kulturstätte schufen. Eine nette Geste. Der Weiher ist mit seinem Schilfgürtel überaus idyllisch.

123 Schlossberg

Am östlichen Teil der Stadt Usedom, nur etwa 300 Meter von der Altstadt entfernt, liegt eine etwa zehn Meter hohe Erhebung. Der Schlossberg. Der ehemalige slawische Burgwall wurde später in eine mittelalterliche Burgfestung umgebaut. Diese Burg sollte als Witwensitz der Wolgaster Herzöge dienen. Beim Stadtbrand im Jahr 1477 wurde das Schloss zerstört. Wie es genau aussah, ist nicht bekannt. Heute befindet sich auf dem Schlossberg nur mehr ein Granitkreuz.

124 Usedomer See

Die Stadt Usedom liegt am Usedomer See, der eigentlich eine kleine Ausbuchtung des Stettiner Haffs ist. Der See ist auch nur ein bis maximal zwei Meter tief. Am westlichen Ufer befand sich einst das Kloster Grube, das als erstes Kloster der Insel gilt. Den Gründern dieses Klosters ist in der Sankt Marien Kirche ein Grabstein gewidmet. Durch eine künstliche Fahrrinne ist der Usedomer Hafen zu erreichen, allerdings nur für Schiffe mit wenig Tiefgang.

125 Badestelle

Ein Stück von Usedom entfernt liegt am Peenestrom eine kleine naturbelassene Badestelle. Sie ist nur über einen Feldweg zu erreichen, dafür sind Natur und Ruhe garantiert. Es gibt nur wenige Liegeplätze für Boote, aber auch das Übernachten mit Wohnmobilen ist möglich.

*Weitere Krimis finden Sie auf den
folgenden Seiten und im Internet:*

WWW.GMEINER-SPANNUNG.DE

REGINE KÖLPIN
Das verlorene Kind
Kaspar Hauser
....
978-3-8392-1935-5 (Paperback)
978-3-8392-5127-0 (pdf)
978-3-8392-5126-3 (epub)

GEFANGEN Nürnberg, 1812. Kaspar Hauser kommt als Findelkind in eine arme Köhlerfamilie. Nach dem Tod der Eltern ist der Junge Emil, dem Sohn des Köhlers, im Weg. Er setzt Kaspar vor einem Herrenhaus aus, wo der Bub wie ein Gefangener gehalten wird.

Eines Tages kann er entkommen und begegnet Emil wieder. Der will sich Kaspars nun endgültig entledigen. Was keiner ahnt: Andere finstere Mächte trachten ebenfalls nach Kaspars Leben.

WWW.GMEINER-VERLAG.DE
Wir machen's spannend

REGINE KÖLPIN
Wer mordet schon
an der Mecklenburger Bucht?
....
978-3-8392-1864-8 (Paperback)
978-3-8392-4985-7 (pdf)
978-3-8392-4984-0 (epub)

TÖDLICHE OSTSEEKÜSTE Eine mörderische Reise entlang der Mecklenburger Küste vom Ostseebad Boltenhagen bis zum Darß. Ein ungewöhnlicher Freizeitführer mit Humor, Spannung und so manchem interessanten Ort. Lassen Sie sich von den 11 Kurzkrimis in 11 Orten mit 125 Ausflugstipps überraschen. Begeben Sie sich nach der Lektüre auf mörderische Spurensuche und folgen Sie den Protagonisten auf ihrer tödlichen Spur an Strand, Meer und Bodden.

REGINE KÖLPIN
Wer mordet schon am Wattenmeer?
....
978-3-8392-1580-7 (Paperback)
978-3-8392-4449-4 (pdf)
978-3-8392-4448-7 (epub)

MÖRDERISCHES WATTENMEER

Wer glaubt, die Nordseeküste sei eine friedliche und beschauliche Gegend, sieht sich getäuscht. Hinterm Deich, in den Marschwiesen, am Nordseestrand und im Moor lauern unsägliche Gefahren auf Besucher und Bewohner des Küstenstrichs. Begegnen Sie der friesischen Gemütlichkeit einmal anders und begleiten Sie die Autorin auf ihrer mörderischen Reise über die Ostfriesische Halbinsel. Sie werden die Nordseeküstenregion anschließend mit ganz anderen Augen sehen.

GMEINER SPANNUNG

WWW.GMEINER-VERLAG.DE
Wir machen's spannend

Das Neueste aus der Gmeiner-Bibliothek

Unser Lesermagazin

Bestellen Sie das kostenlose Krimi-Journal in Ihrer Buchhandlung oder unter www.gmeiner-verlag.de

Informieren Sie sich ...

www ... auf unserer Homepage:
www.gmeiner-verlag.de

@ ... über unseren Newsletter:
Melden Sie sich für unseren Newsletter an unter www.gmeiner-verlag.de/newsletter

f ... werden Sie Fan auf Facebook:
www.facebook.com/gmeiner.verlag

Mitmachen und gewinnen!

Schicken Sie uns Ihre Meinung zu unseren Büchern per Mail an gewinnspiel@gmeiner-verlag.de und nehmen Sie automatisch an unserem Jahresgewinnspiel mit »mörderisch guten« Preisen teil!